供应链协同创新路径探究

张玉平　原　冰　王学飞◎著

中国商务出版社

·北京·

图书在版编目（CIP）数据

供应链协同创新路径探究 / 张玉平，原冰，王学飞
著 . -- 北京：中国商务出版社，2024. 8. -- ISBN 978-
7-5103-5375-8

Ⅰ. F252.1

中国国家版本馆 CIP 数据核字第 2024BL5597 号

供应链协同创新路径探究

张玉平　原　冰　王学飞　著

出版发行：中国商务出版社有限公司

地　　址：北京市东城区安定门外大街东后巷 28 号　　邮　　编：100710

网　　址：http://www.cctpress.com

联系电话：010—64515150（发行部）　010—64212247（总编室）
　　　　　010—64515164（事业部）　010—64248236（印制部）

责任编辑：徐文杰

排　　版：北京盛世达儒文化传媒有限公司

印　　刷：星空印易（北京）文化有限公司

开　　本：710 毫米 ×1000 毫米　　1/16

印　　张：14.5　　　　　　　　　　字　　数：227 千字

版　　次：2024 年 8 月第 1 版　　　　印　　次：2024 年 8 月第 1 次印刷

书　　号：ISBN 978-7-5103-5375-8

定　　价：79.00 元

前　言

当前经济环境下，企业间的协同创新对于企业提高动态能力和持续获取行业竞争力具有十分重要的意义。而供应链企业的协同创新能够实现资源共享和优势互补，显得尤为重要。本书旨在深入探讨供应链管理的现代理论与实践，特别是协同创新在供应链中的重要作用和实现路径。

本书首先对供应链管理的基本概念、理论基础进行了全面介绍，为读者构建了坚实的理论基础。书中进一步分析了供应链管理的关键技术，包括物联网、大数据、云计算、人工智能和区块链等，这些技术对提升供应链的智能化、自动化和协同化具有重要意义。同时，书中探讨了智慧供应链的系统特征、运行管理机制以及创新与风险机制，为供应链管理提供了新的视角和方法。

在供应链协同要素方面，本书着重讨论了供应链战略匹配、合作关系、业务流程、全球供应链规划以及信息共享和集成等关键问题。此外，书中还针对农产品供应链和制造业集群供应链的特点，提出了协同机制与创新路径，为不同行业的供应链协同提供了实践指导。

在智能化物流与供应链协同创新方面，本书探讨了物流系统战略规划、供应链下的物流管理、协同策略以及管理信息系统和协同平台的构建，这些都是实现供应链协同创新的关键环节。

希望本书的内容，对促进企业供应链管理的现代化、提高供应链协同效率、降低运营成本、增强市场竞争力具有重要的社会效益和经济意义。然而，由于供应链管理领域的复杂性和不断变化的技术环境，书中可能存在不足之处。衷心希望广大读者和同行能够提出宝贵的意见和建议，帮助我们不断改进和完善。

作 者

2024.5

目　录

第一章

供应链管理概述

第一节　供应链的基本概念

一、供应链的定义

供应链是围绕核心企业，通过对信息流、物流、资金流的控制，从采购原材料开始，到制成中间产品以及最终产品，最后由销售网络把产品送到消费者手中的将供应商、制造商、分销商、零售商、最终用户连成一个整体的功能网链结构模式。

若把供应链比喻为一棵枝繁叶茂的大树，生产企业就是树根，独家代理商则是主干，分销商是树枝和树梢，满树的绿叶红花是最终用户。在根与主干或主干与枝的一个个节点上，蕴藏着一次次的流通，遍体相通的脉络便是管理信息系统。供应链是社会化大生产的产物，是重要的流通组织形式。它以市场组织化程度高、规模化经营的优势，有机地连接生产和消费，对产品的生产和流通有着直接的导向作用。

二、供应链管理的基本思想

随着科学技术与信息技术的飞速发展、世界经济全球化进程的加快，企业环境发生了巨大的变化，市场的复杂性和不确定性因素在不断增加，用户需求层次在逐步升级，需求结构呈现多样化，产品生命周期越来越短，竞争也日趋激烈。如何在市场中取得竞争优势、对市场环境的变化做出快速反应、有效地提供顾客满意的产品和服务，已成为企业生存与发展所面临的主要问题。这一问题客观上要求企业必须从传统的产品驱动管理模式向新型的顾客驱动管理模式转变，而供应链管理则是实现这种转变的最有效模式，是目前企业界和管理理论界给予特别关注的管理理论与方法。

供应链管理利用现代信息技术，通过改造和集成业务流程，与供应商以及客户建立协同的业务伙伴联盟，实施电子商务，从而大大提高了企业的竞争力，使企业在复杂的市场环境中立于不败之地。根据有关资料统计，供应链管理的实施可以使企业总成本下降 10%；供应链上的节点企业按时交货率提高 15% 以上；订货—生产的周期时间缩短 25% ~ 35%；供应链上的节点企业增值生产率提高 10% 以上等。这些数据说明，供应链企业在不同程度上都取得了发展，其中以订货—生产的周期时间缩短最为显著。能取得这样的成果，完全得益于供应链企业的相互合作、相互利用对方资源的经营策略。试想，如果制造商从产品开发、生产到销售完全自己包下来，那么不仅要背负沉重的投资负担，而且要花相当长的时间。采用供应链管理模式，可以使企业在最短时间内找到最好的合作伙伴，用最低的成本、最快的速度、最好的质量赢得市场，而且受益的不止一家企业，而是一个企业群体。因此，供应链管理模式吸引了越来越多的企业。

21 世纪的竞争不是企业和企业质检单的竞争，而是供应链与供应链之间的竞争。那些在零部件制造方面具有独特优势的中小型供应商企业，将成为大型装配主导型企业追逐的对象。谁拥有这些具有独特优势的供应商，谁就能赢得竞争优势。显然，这种竞争优势不是哪一个企业所具有的，而是整个供应链的综合能力。作为一种新型的经营与运作模式，供应链管理就是对整个供应链中各参与组织、部门之间的物流、信息流与资金流进行计划、协同和控制等，其目的是通过优化提高所有相关过程的速度和确定性，最大化所有相关过程的净增加值，提高各参与组织、部门的运作效率和效益。供应链管理贯穿供应商到最终用户的采购、制造、分销、零售等职能领域过程，常常是跨部门、跨企业、跨产权主体，甚至是跨行业的，强调和依赖战略管理，与传统的企业管理对比，供应链管理体现了以下几个基本思想。

（一）系统思想

系统论已经在管理学中得到了广泛的应用，供应链管理的一个重要的基本思想就是采用系统的方法来管理供应链。这时，企业不再孤立地看待各参与组织的采购、生产和销售等经营活动和过程，而是突破企业界限束缚，将企业的产、供、销与其他市场实体建立外部联系，将供应商、生产商、分销商以及消费者视作一个相互依赖、互相联结、有机联系的整体，通过集体目标统一协同所有成员的信息流、物流和资金流，取得企业之间超越组织界限的集成和整合。共同为最终用户创造产品价值和服务，从而实现自身利润最大化。

（二）协同思想

虽然供应链中各参与组织、部门都有自己的目标，甚至这些目标之间还有冲突竞争，但他们通过各种方法努力减少冲突竞争与内耗，更好地分工合作，协同各种活动，发挥供应链的整体优势，使整个供应链获得的利益大于各参与组织、部门单独获得的利益之和。在供应链中，经济主体之间协同合作伙伴关系替代了传统的"你死我活"的竞争性关系，参与各方的决策和行动目标不是完全集中在价格等短期目标上，而是集中在行动和目标上的协同一致。供应链管理是为了提高供应链的整体效率和产品质量、维系灵活性和整体竞争力等方面的团结合作与共同利益因素，把更好地响应和服务于消费者需求作为行动指南，致力于共赢前景的真正实现。

（三）合作思想

供应链管理视供应链中所有参与组织、部门为合作伙伴，力图通过责任、风险的分担，信息的共享以及共同解决问题来共同获益。这种变过去企业与企业之间敌对倾向为合作伙伴关系可以实现以下合作效果：良好的交货情况、较大的柔性及快速反应性、较小的物流成本、优越的资产管理。这些好的合作效果在合作双方利益共享、风险分担的前提下，能达到双赢的目的，能够更长久。

（四）核心竞争力思想

在供应链管理的哲理下，企业要集中发展核心业务，把非核心业务直接交由外部企业完成，充分利用外部资源，即实现外包，同时与这些外部企业形成合作伙伴关系。相应地，外包企业只有本身具有核心竞争力，供应链合作伙伴关系才会持久。因而，在供应链管理中外包企业在努力加强与其他企业合作的同时，还借助其他企业核心竞争力来形成、维持甚至强化自己的核心竞争力。供应链节点选择遵循强强联合的原则，聚集最具有市场竞争力的单元，通过相辅相成，和谐共融企业资源和能力，发挥整体能力，将单一企业的核心竞争力融合为供应链的整体竞争力，极大地提高供应链的市场竞争优势。

（五）顾客服务思想

供应链管理具有更高的目标——将满足顾客需求的产品/服务在正确的时间，按照正确的数量、正确的质量和正确的状态送到正确的地点，并使利润最大，要通过管理库存和合作关系达到高水平的顾客服务。因而，供应链管理体现为以顾客需求驱动为纽带的一种管理思想，上游成员按照顾客要求的服务水平向下游成员提供服务。

三、供应链的结构

一般来说，供应链由所有加盟的节点企业组成，有一个核心节点企业（可以是产品制造企业，也可以是大型零售企业），节点企业在需求信息的驱动下，通过供应链的职能分工与合作（生产、分销、零售等），以资金流、物流和商流为媒介实现整个供应链的不断增值。

四、供应链的特征

供应链是一个网链结构，由围绕核心企业的供应商、供应商的供应商和用户、用户的用户组成。一个企业是一个节点，节点企业和节点企业之间是一种需求与供应的关系。供应链主要具有以下特征：

①复杂性。因为供应链节点企业组成的跨度（层次）不同，供应链往往由多个、多类型、多地域企业构成，所以供应链结构模式比一般单个企业的结构模式更为复杂。

②动态性。供应链管理因企业战略和适应市场需求变化的需要，其中的节点企业需要动态更新，这就使得供应链具有明显的动态性。

③交叉性。某个供应链的节点企业可以同时是另一个供应链的成员。众多的供应链形成交叉结构，增加了协调管理的难度。

④面向用户需求。供应链的形成、存在、重构，都是基于一定的市场需求而发生的，并且在供应链的运作过程中，用户的需求拉动是供应链中信息流、产品 /服务流、资金流运作的驱动源。

五、供应链的类型

根据不同的划分标准，可以将供应链做以下划分。

（一）稳定的供应链和动态的供应链

根据供应链存在的稳定性不同，可以将供应链划分为稳定的供应链和动态的供应链。基于相对稳定、单一的市场需求组成的供应链的稳定性较强，而基于相对频繁变化、复杂的需求组成的供应链则动态性较强。在实际的管理运作中，需要根据不断变化的需求，相应地改变供应链的组成。

（二）平衡的供应链和倾斜的供应链

根据供应链容量与用户需求的关系，可以将供应链划分为平衡的供应链和倾斜的供应链。一个供应链具有一定的、相对稳定的设备容量和生产能力（所有节点企业能力的综合，包括供应商、制造商、分销商、零售商等），但用户需求处于不断变化的过程中。当供应链的生产能力和用户需求平衡时，供应链处于平衡状态；而当市场变化加剧，造成供应链成本上升、库存增加、浪费增加等现象时，企业不在最优状态下运作，供应链则处于倾斜状态。平衡的供应链可以实现各主要职能（低采购成本、规模效益、低运输成本、产品多样化和资金运转快）之间的均衡。

（三）有效性供应链和反应性供应链

根据供应链的功能模式（物理功能和市场中介功能），可以把供应链划分为有效性供应链和反应性供应链。有效性供应链主要体现供应链的物理功能，即以最低的成本将原材料转化成零部件、半成品、产品，以及在供应链中的运输等；反应性供应链主要体现供应链的市场中介功能，即把产品分配到满足用户需求的市场，对未预知的需求做出快速反应等。

六、供应链流程分析

下面列举两种供应链流程分析的方法，分别是环节法和推 / 拉法。

环节法是指将供应链流程分解为一系列的环节，每一个环节用来连接供应链中两个相继出现的阶段。

推 / 拉法是指根据其运营是响应一个顾客的订购还是预期多个顾客的订购，将供应链流程分为两个大类：拉动流程和推动流程。拉动流程是由一个顾客的订购启动的，而推动流程则是由对多个顾客订购预期引发并运行的。

（一）供应链流程的环节法分析

假定供应链由 5 个阶段组成，所有的供应链流程都可以分解成以下 4 个环节：顾客订购环节、补充库存环节、生产环节、原料获取环节。

每个环节出现在供应链中两个相继阶段交界处。供应链有 5 个阶段，因此便有 4 个供应链流程环节。但并不是每一个供应链都拥有界限清晰的 4 个环节。

供应链流程的环节法分析对提高决策的可操作性有很大帮助，因为它清晰地界定了供应链中每个成员的角色和责任。例如，当供应链运营所需的信息系统建立起来时，因为清晰地确定了流程的所有权关系和目标定位，所以环节法就使得供应链流程变得清晰透彻。

1. 顾客订购环节

顾客订购环节发生在顾客与零售商之间，包括接受和满足顾客订购所直接涉及的所有过程。例如，顾客在零售商处启动此环节，它主要包括满足顾客需求的过程。当顾客抵达时，零售商便开始与其接洽，即他们之间的联系开始于顾客订单的送达，结束于顾客订单的完成。顾客订购环节包括以下几个过程。

（1）顾客抵达

顾客抵达是指顾客到达一个他便于选择并做出购买决定的特定地点。任何供应链的起始点都是顾客抵达。顾客抵达出现在以下几种情况中：顾客进入商店购物，顾客打电话给电话营销中心进行订购，顾客通过网络渠道发出订单。

从供应链的角度看，其主要目标是如何使顾客更方便地接触到合适的产品，从而使顾客抵达转化为顾客购买。商店促销可以包括顾客流组织和产品展示。电话销售中心促销应确保顾客不等候太久，这也许意味着建立一个合适的电话网络系统，方便销售代表回答顾客的询问，从而使咨询转化为购买。对于网上促销，关键是建立一个拥有个性化查询功能的网络系统，可以使顾客能很快看到并选定令他们感兴趣的产品。

（2）顾客订单递交

顾客订单递交是指顾客将他们想要的产品告知零售商，随后零售商将产品送达顾客手中的过程。在超市，订单递交可能采取将顾客所有想要购买的物品放入手推车中的形式。在邮购公司的电话销售中心或网上购物点，订单递交是指顾客告知零售商他们所选择产品的种类和数量，零售商按照顾客的订单配送产品，并向顾客约定交货时间。顾客订单递交的目标是确保顾客订单能快速与准确地抵达。

（3）顾客订货接收

顾客订单完成过程的终点，是顾客的订购需求得到满足，货物被送至顾客处。在邮购公司，这一过程一般包括从库存商品中找出所订产品、包装、寄给顾客和更新库存清单几个环节。库存清单的更新会引发补充物流的开始。一般来讲，顾客订单完成环节始于零售商库存清单。相反，对于生产—购买的情况来说，订单完成是直接始于制造商的生产线。顾客订单完成流程的目标是以承诺的送货期限和最低成本，向顾客提供正确的、全部的订购产品。

（4）顾客订单完成

在顾客订货接收过程中，顾客接收所订购的产品并成为物主，商家更新收据记录，启动现金支付。

2.补充库存环节

补充库存环节发生在零售商与分销商之间，包括补充零售商品库存清单所涉及的所有过程。例如，当一家超市的洗涤剂库存量或邮购中心的某个品牌的衬衫库存量很少时，补充库存环节就显得极为重要。在一些情况下，拥有最终产品库存清单的分销商启动补充库存环节；在另一些情况下，由制造商的生产线直接启动补充库存环节。补充库存环节类似于顾客订购环节，只是此时的顾客是零售商。补充库存环节的目的是以最低成本为零售商补充库存商品，及时为顾客提供所需的产品。补充库存环节包括四个过程。

（1）零售订货发起

当零售商满足顾客需求时，他们清空库存并补充新的货品以满足未来需求。在这一更新过程中，零售商要做的一件重要事情就是设计一项补充货物的策略，以便向上一级代理商（可能是分销商或制造商）订货。设计补充库存订货机制的目的在于通过权衡产品供给水平和成本，实现利润最大化。零售订货发起过程的结果是补充库存订单的产生。

（2）零售订单递交

零售订单递交与顾客在零售商处订货非常相似，唯一的区别在于零售商现在变成向分销商或者制造商订货的客户。零售订单递交过程的目的在于准确地递交订单，快速地将订单传递到所有与之相关的供应链环节。

（3）零售订单完成

零售订单的完成过程与顾客订单完成的过程非常相似，区别一是这一过程发生在分销商或制造商那里；二是两种订单的订货额相差悬殊，顾客的订单要比零售商的补充库存订单小得多。零售订单完成的目的是在降低成本的同时使所订货品尽快到达零售商处。

（4）零售订货接收

一旦补充订货到达，零售商必须接收，同时更新库存记录，结清应付款项。这一过程包括分销商传递给零售商的信息流、资金流和商品流。零售订货接收的目的是以尽可能低的成本更新库存，并迅速、准确地将商品摆上货架。

3. 生产环节

典型的生产环节发生在分销商与制造商之间或者零售商与制造商之间，包括与更新分销商（或零售商）库存有关的所有过程。生产环节由顾客订单、零售商或分销商补充库存订单引发，或者由顾客需求预测与厂家成品仓库中既有产品数量之间的差额启动。

一般来讲，制造商会生产数种产品来满足不同顾客群的需求。生产环节（是对顾客需求的反应）的一端是分销商或零售商，它收集的订单十分相似，以便制造商大批量生产；另一端是多种消费品的制造商，这些厂商必须通过需求预测来进行生产。生产环节包括以下几个过程。

（1）订单到达

在订单到达过程中，分销商依据对未来需求预测与目前库存之间的比较，设计一项库存补充订货机制，然后将订单递交给制造商。在一些情况下，顾客或零售商可能直接向制造商订货；在另一些情况下，制造商可以生产出产品，并将其保存在成品仓库中。此时，订单启动是在权衡产品供应水平与未来需求的基础上进行的。

（2）生产安排

在补充库存环节的订单递交过程中，将库存清单分配给每一张订单。生产安排与此相似，将全部订单列在一份生产计划或生产进度表上。在预期产量已定的情况下，制造商必须对生产进度做出精确的安排。如果有多条生产线，制造商还必须决定哪些产品由哪条生产线生产。生产进度安排的目的是：在降低成本的同时，尽可能使按时完成的订单比例最大化。

（3）生产和运输

在这一过程的生产阶段，制造商依据生产进度表生产符合要求的产品。在这一过程的运输阶段，产品将被送达顾客、零售商或成品仓库。生产和运输过程的目的是：在符合质量要求、降低成本的同时，确保商品在承诺日前送达。

（4）订货接收

在订货接收过程中，分销商、成品仓库、零售商或者顾客接收所订的产品，更新库存记录。与货物保存和资金转移相关的其他过程也同时发生。

4. 原料获取环节

原料获取环节发生在制造商与供应商之间，包括与确保原料获取相关的所有过程。在原料获取环节中，制造商从供应商那里订购原料用以补充原料库存。这一关系与分销商和制造商之间的关系十分相似，但有一个重要区别，即零售商向分销商订货由不确定的顾客需求引发，而制造商在生产安排方面一旦做出决定，原料需求量就可以精确地计算出来。原料订单取决于生产安排，因此，将供应商与制造商的生产计划联系起来至关重要。当然，如果供应商的原料生产必须比制造商的货物生产提前很多，那么他就只能依据预测进行生产了。

实践中可能存在一系列的供应商，每一级供应商为上一级供应商提供生产原料。于是，类似的循环会在不同阶段之间进行。

（二）供应链流程的推／拉法分析

依据相对于顾客需求的执行顺序，供应链上的所有流程可以分为两类：推动流程和拉动流程。对顾客订单的反应启动拉动流程，对顾客订购预期的反应启动推动流程。在拉动流程执行过程中，需求是已知的、确定的；而在推动流程执行过程中，需求是未知的，因此必须进行预测。由于拉动流程是对顾客需求的反应，因而也可以被视为反应性流程；相应地，推动流程可以被视为推测性流程。供应链上的推／拉边界将推动流程和拉动流程区别开来。进行与供应链设计相关的战略决策时，供应链的推／拉法分析非常有用。由于供应链流程与顾客订购有关，推／拉法分析要求进一步地从全球化角度考虑问题。

第二节　供应链管理的基本概念

一、供应链管理的内涵

作为流通中各种组织协调活动的平台，以将产品或服务用最低的价格迅速向顾客传递为特征的供应链管理，已经成为竞争战略的中心概念。供应链管理的思想可以从以下 5 个方面去理解。

（一）信息管理

知识经济时代的到来使信息取代了劳动和资本，成为劳动生产率的主要影响因素。在供应链中，信息是供应链各方的沟通载体，供应链中各个阶段的企业就是通过信息这条纽带集成起来的。可靠、准确的信息是企业决策的有力支持和依据，能有效降低企业运作中的不确定性、提高供应链的反应速度。因此，供应链管理的主线是信息管理，信息管理的基础是构建信息平台、实现信息共享，如企业资源管理计划（Enterprise Resource Planning, ERP）、Windows 管理规范（Windows Management Instrumentation，WMI）等系统的应用等，将供求信息及时、准确地传达到供应链上的各个企业，在此基础上进一步实现供应链的管理。当今世界，通过使用电子信息技术，供应链已结成一张覆盖全区域乃至全球的网络，使部分企业摆脱"信息孤岛"的处境，从技术上实现与供应链其他成员的集成化和一体化。

（二）客户管理

在传统的卖方市场中，企业的生产和经营活动是以产品为中心的，企业生产和销售什么产品，客户就只能接受什么商品，没有多少挑选余地。而在经济全球化的背景下，买方市场占据了主导地位，客户主导了企业的生产和经营活动，因此客户是核心，也是市场的主要驱动力。客户的需求、消费偏好、购买习惯及意见等是企业谋求竞争优势所必须争取的重要资源。

在供应链管理中，客户管理是供应链管理的起点，供应链源于客户需求的同时，也终于客户需求，因此供应链管理是以满足客户需求为核心运作的。然而，客户需求千变万化，而且存在个性差异，企业对客户需求的预测往往不准确，一旦预测需求与实际需求差别较大，就很有可能造成企业库存的积压，引起经营成本的大幅增加，甚至造成巨大的经济损失。因此，真实、准确的客户管理是企业供应链管理的重中之重。

（三）库存管理

库存管理是企业管理中一件令人头疼的事情，因为库存量过低或过高都会带来损失。一方面，为了避免缺货给销售带来损失，企业不得不持有一定量的库存，以备不时之需；另一方面，库存占用了大量资金，既影响了企业的扩大再生产，又增加了成本，在库存出现积压时还会造成巨大的浪费。因此，一直以来，企业都在为如何确定适当的库存量而苦恼。传统的方法是通过需求预测来解决这个问题，然而需求预测与实际情况往往并不一致，因而直接影响了库存决策的制订。如果能够实时掌握客户需求变化的信息，做到在客户需要时再组织生产，那就不需要持有库存了，即以信息代替了库存，实现了库存的"虚拟化"。因此，供应链管理的一个重要使命就是利用先进的信息技术，收集供应链各方以及市场需求方面的信息，用实时、准确的信息取代实物库存，减小需求预测的误差，从而降低库存的持有风险。

（四）关系管理

传统的供应链成员之间是纯粹的交易关系，各方遵循的都是"单向有利"原则，所考虑的主要问题是眼前的既得利益，并不考虑其他成员的利益。这是因为每个企业都有自己相对独立的目标，这些目标与其上下游企业的目标往往存在着一些冲突。例如，制造商要求供应商能够根据自己的生产需求灵活并且充分地保证其物料需求；供应商则希望制造商能够以相对固定的周期大批订购，即稳定的大量需求，这就在两者之间产生了目标的冲突。这种目标的冲突无疑会大大提高交易成本。同时，社会分工的日益深化使得企业之间的相互依赖关系不断加深，交易活动也日益频繁。因此，降低交易成本对于企业来说就成为一项具有决定意义的工作。而现代供应链管理理论恰恰提供了提高竞争优势、降低交易成本的有效途径，这种途径就是通过协调供应链各成员之间的关系，加强与合作伙伴的联系，在协调的合作关系基础上进行交易，为供应链的全局优化而努力，从而有效地降低供应链整体的交易成本，使供应链各方的利益获得同步的增加。

（五）风险管理

国内外供应链管理的实践证明，能否加强对供应链运行中风险的认识和防范，关系到能否最终取得预期效果。如果认为实施了供应链管理模式就能取得预期效果，就把供应链管理看得太简单了。

供应链上企业之间的合作，会因为信息不对称、信息扭曲、市场不确定性，以及其他政治、经济、法律等因素的变化而存在各种风险。为了使供应链上的企业都能从合作中获得满意结果，必须采取一定的措施规避供应链运行中的风险，如提高信息透明度和共享性、优化合同模式、建立监督控制机制等，尤其是在企业合作的各个阶段通过激励机制的运行、采用各种手段实施激励，以使供应链企业之间的合作更加有效。

二、供应链管理的特点

供应链管理是一种新型的管理模式，它的特点可以从与传统管理方法和与传统物流管理的比较中显现出来。

（一）与传统的管理方法相比较

供应链管理主要致力于建立成员之间的合作关系。与传统的管理方法相比，它具有如下特点。

1. 以客户为中心

在供应链管理中，顾客服务目标的设定优先于其他目标，以顾客满意为最高目标。供应链管理从本质上说，是为了满足顾客需求，通过降低供应链成本的战略，实现对顾客的快速反应，以此提高顾客满意度，获取竞争优势。

2. 跨企业的贸易伙伴之间的密切合作、共享利益和共担风险

供应链管理超越了组织机构的界限，改变了传统的经营意识，建立起了新型的客户关系。企业意识到不能仅仅依靠自己的资源参与市场竞争、提高经营效率，而要通过和供应链参与各方进行跨部门、跨职能和跨企业的合作，建立共同利益的合作伙伴关系，追求共同的利益，发展企业之间稳定的、良好的、共存共荣的互助合作关系，建立一种双赢或多赢的关系。

3. 集成化管理

供应链管理应用网络技术和信息技术，重新组织和安排业务流程，实现集成化管理。一旦离开信息及网络技术的支撑，供应链管理就会丧失应有的价值。可见，信息已经成为供应链管理的核心要素。通过应用现代信息技术，如商品条码技术、物流条码技术、电子订货系统、销售点（POS）数据读取系统、预先发货清单技术、电子支付系统等，供应链成员不仅能及时有效地获得其客户的需求信息，并且能对信息做出及时响应，满足客户的需求。信息技术能缩短从订货到交货的时间间隔，提高企业的服务水平。信息技术的应用提高了事务处理的准确性和速度，减少了人员，简化了作业过程，提高了效率。

4. 供应链管理是对物流的一体化管理

物流一体化是指不同职能部门之间或不同企业之间通过物流合作，达到提高物流效率、降低物流成本的目的。供应链管理的实质是通过物流将企业内部各部门及供应链各节点企业连接起来，改变交易双方利益对立的传统观念，在整个供应链范围内建立起共同利益的协作伙伴关系。供应链管理把从供应商开始到最终消费者的物流活动作为一个整体进行统一管理，始终在整体和全局上把握物流的各项活动，使整个供应链的库存水平最低，实现供应链整体物流最优化。在供应链管理模式下，库存变成了一种平衡机制，供应链管理更强调零库存。供应链管理使供应链成员结成了战略同盟，它们之间进行信息交换与共享，使得供应链的库存总量大幅降低，减少了资金占用和库存维持成本，还避免了缺货的发生。

总之，供应链管理可以使企业更好地了解客户，向客户提供个性化的产品和服务，使资源在供应链上合理流动，缩短物流周期，降低库存，减少物流费用，提高物流效率，从而提高企业的竞争力。

（二）与物流管理相比较

物流已经发展成为供应链管理的一部分，它改变了传统物流的内涵。与物流管理相比，供应链管理具有如下特点。

1. 供应链管理的互动特性

从管理的对象来看，物流是以存货资产作为管理对象的；供应链管理则是对存货流动（包括必要的停顿）中的业务过程进行管理，是对关系的管理，因此具有互动的特征。必须对供应链中所有关键的业务过程实施精细管理，主要包括需求管理、订单执行管理、制造流程管理、采购管理和新产品开发及其商品化管理等。有些企业的供应链管理过程还包括从环保理念出发的商品回收渠道管理，如施乐公司。

2. 供应链管理成为物流的高级形态

事实上，供应链管理是从物流的基础上发展起来的。从企业运作的层次来看，从实物分配开始，到整合物资管理，再到整合信息管理，通过功能的逐步整合形成了物流的概念。从企业关系的层次来看，则有从制造商向批发商和分销商再到最终客户的前向整合，以及向供应商的后向整合，通过关系的整合形成了供应链管理的概念。从操作功能的整合到渠道关系的整合，使物流从战术层次提升到战略高度，所以，虽然供应链管理看起来像是一个新概念，但实际上却是物流在逻辑上的延伸。

3. 供应链管理决策的发展

供应链管理决策和物流管理决策都是以成本、时间和绩效为基准点的，供应链管理决策在包含运输决策、选址决策和库存决策等物流管理决策的基础上，又增加了关系决策和业务流程整合决策，成为更高形态的决策模式。

物流管理决策和供应链管理决策的综合目标，都是最大限度地提高客户服务的水平，供应链管理决策形成了一个由客户服务目标拉动的空间轨迹。供应链管理的概念涵盖了物流的概念，用系统论的观点看，物流是供应链管理系统的子系统。所以，物流的决策必须服从供应链管理的整体决策。

4. 供应链管理的协商机制

物流在管理上是一个计划的机制。在传统的物流模式中，主导企业通常是制造商，它们力图通过一个计划来控制产品和信息的流动，与供应商和客户的关系本质上是利益冲突的买卖关系，常常导致存货或成本向上游企业的转移。供应链管理同样制订计划，但目的是谋求在渠道成员之间的联合和协调。例如，美国联合技术公司为了提高生产周期的运营效率，在互联网上公布生产计划，使其供应商能够更加迅速地对需求变化做出反应。

供应链管理是一个开放的系统，它的一个重要目标就是通过分享需求和当前存货水平的信息，来减少或消除所有供应链成员企业所持有的缓冲库存，这就是供应链管理中"共同管理库存"的理念。

5. 供应链管理强调组织外部一体化

物流管理更加关注组织内部的功能整合，而供应链管理则认为只有组织内部的一体化是远远不够的。供应链管理是一个高度互动和复杂的系统工程，需要同步考虑不同层次上相互关联的技术经济问题，进行成本效益权衡。例如，要考虑在组织内部和组织之间把存货以什么样的形态放在什么样的地方，在什么时候执行什么样的计划；供应链系统的布局和选址，信息共享的深度；实施业务过程一体化管理后所获得的整体效益如何在供应链成员之间进行分配；特别是要求供应链成员在一开始就共同参与制订整体发展战略或新产品开发战略等。跨组织的一体化管理使组织的边界变得更加模糊。

6. 供应链管理对共同价值的依赖性

随着供应链管理系统结构复杂性的增加，它将更加依赖信息系统的支持。如果物流管理是为了提高产品的可得性，那么供应链管理则首先解决了供应链伙伴之间信息的可靠性问题。有时也将供应链看作协作伙伴之间交换增值信息的一系列关系。互联网为提高信息可靠性提供了技术支持，但如何管理和分配信息则取决于供应链成员之间对业务过程一体化的共识程度。所以，与其说供应链管理依赖网络技术，还不如说供应链管理是为了在供应链伙伴之间形成一种相互信任、相互依赖、互惠互利和共同发展的价值观和依赖关系而构建的信息化网络平台。

7. 供应链管理是"外源"整合组织

供应链管理与"垂直一体化"物流不同，它是在企业自己"核心业务"的基础上，通过协作的方式来整合外部资源以获得最佳的总体运营效益。除了核心业务以外，几乎每件事都可能是"外源的"，即从企业外部获得的。著名企业如耐克公司和太阳微系统公司，通常外购或外协所有的部件，而自己集中精力于新产品的开发和市场营销。这一类企业有时也被称为"虚拟企业"或"网络组织"。表面上看这些企业是将部分或全部的制造和服务活动，以合同形式委托其他企业代为加工制造，实际上是按照市场的需求，根据规则对由标准、品牌、知识、核心技术和创新能力所构成的网络系统整合或重新配置社会资源。

"垂直一体化"以拥有资源为目的，而供应链管理则以协作和双赢为手段。所以，供应链管理是资源配置的高级方法。供应链管理在获得外部资源配置的同时，也将原先的内部成本外部化，通过清晰的过程进行成本核算和成本控制，更好地优化客户服务和实施客户关系管理。

8. 供应链管理是一个动态的响应系统

在供应链管理的具体实践中，应该始终关注对关键过程的管理和测评。高度动态的市场环境要求企业管理层能够经常对供应链的运营状况、实施规范进行监控和评价，如果没有实现预期的管理目标，就必须考虑可能的替代供应链并采取适当的应变措施。

三、供应链管理的目标

（一）总成本最低化

众所周知，采购成本、运输成本、库存成本、制造成本以及供应链物流的其他成本费用都是相互联系的。因此，为了实现有效的供应链管理，必须将供应链各成员企业作为一个有机整体来考虑，并使实体供应物流、制造装配物流与实体分销物流之间达到高度均衡。从这一意义出发，总成本最低化的目标并不是指运输费用或库存成本，或其他任何单项活动的成本最小，而是指整个供应链运作与管理的所有成本的总和最低。

（二）客户服务最优化

在激烈的市场竞争时代，当许多企业在价格、特色和质量等方面提供相类似的产品时，差异化的客户服务能带给企业以独特的竞争优势。纵观当前的每一个行业领域，从计算机、服装到汽车，消费者都有广泛而多样化的选择余地。企业提供的客户服务水平，直接影响到它的市场份额、物流总成本，并且最终影响其整体利润。供应链管理的实施目标之一，就是通过上下游企业协调一致的运作，保证达到客户满意的服务水平，吸引并留住客户，以便最终实现企业的价值最大化。

（三）总库存最小化

传统的管理思想认为，库存是维系生产与销售的必要措施，因而企业与其上下游企业之间的活动只是实现了库存的转移，整个社会库存总量并未减少。按照即时制（Just in Time，JIT）管理思想，库存是不确定性的产物，任何库存都是浪费。因此，在实现供应链管理目标的同时，要使整个供应链的库存控制在最低的程度，"零库存"反映的即是这一目标的理想状态。所以，达成了总库存最小化目标，就实现了对整个供应链的库存水平与库存变化的最优控制，而不只是单个成员企业库存水平的最低。

（四）总周期最短化

在当今的市场竞争中，时间已成为竞争成功最重要的要素之一。当今的市场竞争不再是单个企业之间的竞争，而是供应链与供应链之间的竞争。从某种意义上说，供应链之间的竞争实质上是时间竞争，即必须实现快速有效的反应，最大限度地缩短从客户发出订单到获取满意交货的总周期。

（五）物流质量最优化

企业产品或服务质量的好坏直接关系到企业的成败。同样，供应链企业间服务质量的好坏直接关系到供应链的存亡。如果在所有业务过程完成以后，发现提供给最终客户的产品或服务存在质量缺陷，就意味着所有成本的付出将不会得到任何价值补偿，供应链物流的所有业务活动都会变为非增值活动，从而导致整个供应链的价值无法实现。因此，达到与保持服务质量的水平，也是供应链管理的重要目标。而这一目标的实现，必须从原材料、零部件供应的零缺陷开始，直至供应链管理全过程、全方位质量的最优化。

相对于传统的管理思想而言，上述目标之间呈现出互斥性：客户服务水平的提高、总周期的缩短、交货品质的改善必然以库存、成本的增加为前提，因而无法同时达到物流质量最优化。而运用集成化管理思想，从系统的观点出发，改进服务、缩短时间、提高品质、减少库存与降低成本是可以兼得的。只要供应链的基本工作流程得到改进，就能够提高工作效率、消除重复与浪费、缩减员工数量、减少客户抱怨、提高客户忠诚度、降低库存总水平、减少总成本支出。

四、供应链管理的关键要素

供应链的目标是最大化所产生的总价值。供应链所产生的价值是指顾客愿意支付最终产品的价值与供应链在满足顾客要求时所付出代价之间的差额，它与供应链收益紧密相关。供应链的收益是指顾客所带来的收入与整个供应链的全部成本之间的差额，是供应链各阶段所分享的全部利润。供应链收益越高，供应链绩效就越好，供应链管理就越成功。显然，要想供应链管理更加成功，就要首先找到供应链收入与成本的来源，然后处理好它们的关系。对于任何供应链，收入的唯一来源是顾客，而供应链中所有的信息流、物流和资金流又都要发生成本。这样一来，也就提出了如何评价供应链响应度和供应链效率的问题。供应链响应度就是指供应链处理下列事项的能力：①响应大量的产品需求；②实现较短的交货期；③处理各种各样的产品；④开发高度创新性的产品；⑤达到很高的服务水平。而供应链效率则是指为顾客制造和递送产品的成本。由此，我们可以推测影响供应链响应度和效率的因素就是供应链管理的关键要素，对这些要素进行了详细分析，包括库存、运输、设施和信息4个方面。

（一）库存

库存是指供应链中所有的原材料、制品和成品。库存之所以是重要的供应链M要素，是因为改变库存策略可以显著地改变供应链的效率与响应度。例如，服装零售商可以通过储存大量库存使自己做出更迅速的响应。拥有大量库存，零售商就可以从店铺立即满足顾客的服装需求。然而，大量库存会增加零售商的成本，进而使其效率低下。降低库存会提高零售商效率，但会损害其响应度。

（二）运输

运输承担着库存从供应链一个地点到另一个地点的移动，它可以采取许多方式与线路的组合，每一种组合都有其自身的绩效特性。运输的选择对供应链响应度与效率有很大的影响。例如，邮寄订单目录公司可以利用联邦快递运送货物，使其供应链响应更迅速，但在较高的联邦快递成本条件下其效率更低。相反，公司可以利用陆地运输运送货物，使供应链提高效率，但限制了其响应度。

（三）设施

设施是供应链网络中库存储备、装配或制造的场地，两种主要的设施是生产场地和储备场地。无论是什么样的设施功能、定位决策、能力以及设施灵活性都对供应链绩效有重要影响。例如，努力提高响应度的汽车配送商可能把许多仓储设施建在靠近顾客的地方。相反，高效率配送商为了提高效率而设较少的仓库，这样做将降低响应度。

（四）信息

信息由有关整个供应链库存、运输、设施和顾客的数据和分析资料组成。由于信息直接影响着其他每一种要素，因而它是潜在的供应链绩效的最大要素。信息为管理提供了使供应链响应更迅速、效率更高的机会。例如，有了顾客需求模式的信息，制药公司就可以在预料到顾客需求的情况下生产和储备药物。这会使供应链响应非常迅速，因为当顾客需要药物时他们就会发现这些药物。这种需求信息还可以使供应链产生更高的效率，因为制药公司可以更好地预测需求和只生产所需要的数量。通过提供管理者运送货物方案，例如使管理者选择满足必需的服务要求的最低成本运送货物方案，信息也可以使该供应链效率提高。

总之，要想供应链管理获得成功，就要评价好供应链的响应度和效率。而每一个关键要素都影响着响应度和效率的协同，因此在供应链管理中必须把握好这些关键要素。

第三节　供应链管理的相关理论

一、价值链

（一）价值链的概念

美国学者迈克尔·波特（Michael E. Porter）第一个提出了企业价值链思想，他认为价值链描述了顾客价值是如何通过一系列可以创造出最终产品或服务的活动而形成的过程，并将价值链描述成："一个企业用来进行设计、生产、营销、交货及维护其产品的各种活动的集合。"

1. 价值链的基本内容

价值活动可分为两大类：基本活动和辅助活动。基本活动是涉及产品的物质创造及其销售、转移给买方和售后服务的各种活动；辅助活动是辅助基本活动并通过提供外购投入、技术、人力资源管理以及各种公司范围的职能以相互支持。在辅助活动中，采购、技术开发和人力资源管理与各种具体的基本活动相联系并支持整个价值链。企业的基础设施虽并不与每种基本活动直接相关，但也支持整个价值链。

（1）基本活动

①内部物流。内部物流是指与收货、存储和分配相关联的各种活动，如原材料搬运、仓储、库存控制、车辆调度和向供应商退货。

②生产作业。生产作业是指与把投入转化为最终产品相关的各种活动，如机械加工、包装、组装、设备维护、检测、印刷和各种设施管理。

③外部物流。外部物流是指与集中、存储和交货给买方有关的各种活动，如产成品库存管理、交运、送货车辆调度、订单处理和生产进度安排。

④市场营销。市场营销是指与提供买方购买产品的方式和引导他们进行购买有关的各种活动，如广告、促销、销售队伍、报价、渠道选择、渠道关系和定价。

⑤服务。服务是指与提供服务以增加或保持产品价值有关的各种活动，如安装调试、维修、培训和零部件供应。

（2）辅助活动

①采购。采购在这里是一个广义的概念，区别于传统意义的狭义的购买。狭义的购买通常是指购买与企业各种价值活动相关的有形的投入品；在广义的采购概念中，不仅购买物的范围扩大了，还包括了对于企业整个价值链有关的所有投入的购买，如部门经理雇用临时人员的投入、销售人员与销售活动相关的食宿投入、企业总裁在战略咨询上的投入等，其活动内容也更广泛，包括采购流程、供应商资格审定和信息系统等。采购存在于价值链的所有活动中，包括基本活动和辅助活动。

②技术开发。技术开发也存在于企业价值链的各个价值活动之中。这里的技术不仅适用于与最终产品直接相关的技术，还包括订货登记系统中所应用的

电子通信技术、会计部门的办公自动化及工艺设备、生产流程的设计和服务程序等。"开发"则不单是传统意义上的研发，还指为改善产品、工艺和服务的各种努力。

③人力资源管理。人力资源管理包括人员的招聘、雇用、培训、开发和考核、计酬等各种活动。人力资源管理不仅对单个基本活动和辅助活动起到辅助作用，而且支持着整个价值链。

④企业基础设施。企业基础设施由大量活动组成，包括总体管理、计划、财务、会计、法律、政府事务和质量管理。基础设施与其他辅助活动不同，它是通过整个价值链而不是通过单个活动起辅助作用的。

2. 价值链的含义和特征

（1）价值链的含义

价值链有以下 3 个含义：

①企业各项活动之间都有密切联系，如原料供应的计划性、及时性和协调一致性与企业的生产制造有密切联系。

②每项活动都能够给企业带来有形或无形的价值，如服务这条价值链，如果密切注意顾客所需或做好售后服务，就可以提高企业信誉，从而带来无形价值。

③价值链不仅包括企业内部各种链接活动，更重要的是，它还包括企业外部各种链接的活动，如与供应商之间的关系或与顾客之间的联系等。

参照波特价值链学说，价值链管理将企业的业务过程描绘成一个价值链，将企业的生产、营销、财务、人力资源等各方面有机地整合起来，做好计划、协调、监督和控制等各个环节的工作，使它们成为相互关联的整体，真正按照"链"的特征实施企业的业务流程，使企业的供、产、销系统形成一条有机衔接的链条。

价值链管理强调打破传统的职能部门界限，使企业组织结构由职能型向流程型转化，以价值增值流程（最终使顾客满意）的再设计为中心，建立合理的业务流程，以达到提高企业动态适应性的目的。

（2）价值链的特征

①价值链是增值链。在价值链上，除资金流、物流、信息流外，最根本的是要有增值流。客户实质上是在购买商品或服务所带来的价值。各种物料从采购到制造再到分销，也是一个不断增加其市场价值或附加值的增值过程。因此，价值链的本质是增值链。价值链上每一环节增值与否、增值的大小，都会成为影响企业竞争力的关键。所以，要提高企业竞争力，就要消除一切无效劳动，在价值链上每一环节都做到价值增值。传统的供应链只实现了本企业的增值，而价值链将上下游企业整合成一个产业链，组成了一个动态的、虚拟的网络，真正做到了降低企业的采购成本和物流成本，在整个网络的每一个过程实现最合理的增值。

②价值链是电子链（E-Chain）。最终客户信息、需求信息、库存状况、订单确认等集成的信息流影响供应链中每一实体，实时的信息交换还可以大量地减少因手工单据处理而导致的成本费用、时间延迟和管理失误，员工将从不增值的手工处理中脱离出来，专注于在更低成本下创造更高的效益。因此，信息技术不仅是价值链构建的工具，更是价值链的基础和重要构件。不能深入和充分地应用信息技术，就无法真正地实现价值链。

③价值链是协作链。价值链上任何一个节点的生产和库存决策都会影响链上其他企业的决策。一个企业的生产计划与库存优化控制不但要考虑其内部的业务流程和资源，更要从价值链的整体出发，进行全面的优化与控制。因此，价值链联盟要求所有成员能够消除企业界限，实现协同工作。在传统供应链中，双赢原则在众多企业中仅停留在口号上，企业和渠道伙伴之间以及与供应商伙伴之间真正实行的是赢—输观念，双方都想从对方身上索取更多的利益。价值链要求企业重新审视渠道机制和客户关系，从交易型向伙伴型转变，经营目标从双赢走向多赢。

④价值链是虚拟链。价值链的实质是虚拟公司的扩展供应链。价值链在市场、生产环节与流通环节之间，建立一个业务相关的动态企业联盟（或虚拟公司）。这不仅使每一个企业保持了自己的个体优势，也扩大了其资源利用的范围，每个企业都可以享用联盟中的其他资源。例如，配送环节是连接生产制造与流通

领域的桥梁，起到了重要的纽带作用，以它为核心可使供需连接更为紧密，实现及时生产、及时配送、及时交付，快速实现资本循环和价值链增值。

3. 价值链与供应链的关系

由前面对价值链和供应链的描述可以看出，尽管价值链也涵盖了供应链包含的企业实体，但价值链是针对企业经营状况开展的价值分析，主要是相对于一个企业而言的，其目的是弄清楚企业的价值生成机制，剖析企业价值链条的构成并尽可能加以优化，从而促进企业竞争优势的形成。企业不同，其价值生成机制也不同，在这些企业的价值链条构成中各有其价值生成的重要节点，有的是在生产上，有的是在研发上，有的则是在营销或管理上。如果企业某一节点上的价值创造能力在同行业中处于遥遥领先的地位，那么可以说这个企业在这方面具有核心竞争力。

供应链往往是相对于多个企业而言的，除非是大型的企业集团，否则很难构建其自身的供应链，即便如此，有时也难免向集团外部延伸。因此，供应链可以说是企业之间的链条连接。最初，供应链的管理一般是指对跨企业的物流管理，但是，随着现代电子商务的发展，供应链的管理已经不仅仅局限在物流管理层面上了，许多企业在完成其自身流程的变革后又实现了同其他企业的连接，这使得供应链管理的内涵又增加了商流管理的内容。供应链管理的发展是计算机网络技术发展推动的，也是企业实施战略联盟和虚拟经营的结果。企业实施供应链管理的目的，一方面是降低成本，另一方面是提高反应速度，其本质目的是构筑企业的核心能力。

价值链理论的应用有助于人们了解企业的价值生成机制，其既是一个分析竞争优势的工具，又是建立和增强竞争优势的系统方法。正如前面提到的那样，价值链并不是孤立地存在于一个企业内部，而是可以进行外向延伸或连接。如果几个企业之间形成了供应链连接并实现了同步流程管理，那么我们可以认为这些企业的价值链已经实现了一体化连接，只不过这时的价值链已经不再是价值链条，而是变成了价值网络。因此，可以说企业能够辨清自身的价值链是实施供应链管理的前提。

（二）价值链分析的意义及内容

价值链分析就是通过分析和利用企业内部与外部之间的相关活动来达成整个企业的策略目的，能够为企业在价值链上获取更多的价值，是企业获取竞争优势的重要手段。由于价值链是由一系列创造价值的活动组成的，每项活动都必须能给企业创造有形或无形的价值，所以通过价值链分析，不仅要将其中无价值的活动和环节去掉，还要把影响企业竞争的每一个环节，从项目调研、产品设计、材料供应、生产制造、产品销售、运输到售后服务逐一进行绩效分析，使管理人员对价值链的每一个活动都有充分的了解，确立企业的核心活动，从而更好地获得企业的竞争优势。在成本控制过程中，通过对企业的价值链分析，可以确定价值链由哪些具体的价值活动构成，并找出各价值活动所占总成本的比例和增长趋势；识别成本的主要成分和那些占有较小比例而增长速度较快，最终可能改变成本结构的价值活动；列出各价值活动的成本驱动因素及相互关系，再通过具体的实施方案来实现对成本的控制。

价值链是企业在供、产、销过程中所进行的一系列有密切联系的且能够创造出有形和无形价值的链式活动。因此，价值链分析包括下列 4 个环节：①在供应过程中，企业与供应商在其供应链中创造价值的过程。②在产品生产制造过程中，各环节、各单位创造价值的过程。③在产品销售过程中，在企业与顾客的链式关系中创造价值的过程。④在市场的调查、研究、开发以及产品的促销与分销等活动中创造价值的过程。

企业参与的各个商业过程都是由一系列的活动构成的，从分析内容上来说，价值链分析主要包括以下两个方面。

1. 识别价值活动

识别价值活动要求企业在技术和战略上识别有显著差别的多种活动，这些活动即是前面所介绍的两类活动：基本活动和辅助活动，细分为企业的 9 种活动。

2. 确定活动类型

在每类基本活动和辅助活动中，都有 3 种不同类型：①直接活动，涉及直接为买方创造价值的各种活动，如零部件加工、安装、产品设计、销售、人员招聘等。②间接活动，指那些能使直接活动持续进行成为可能的各种活动，如设备维修与管理、工具制造、原材料供应与储存、新产品开发等。③质量保证活动，即确认其他活动质量的各种活动，如监督、视察、检测、核对、调整和返工等。

这些活动有着完全不同的经济效果，对竞争优势的确立起着不同的作用，应该加以区分，权衡取舍，以此来确定企业核心活动和非核心活动。

（三）价值链理论对企业经营模式的启示

1. 当把企业作为一个整体来看时，很难认清其竞争优势

竞争优势来源于企业在设计、生产、营销、渠道等诸多方面许多相互分离的活动。这些活动中的每一种都对企业的相对成本地位（成本战略）有所贡献，并且是企业差异化战略的基础。寻找企业的核心竞争力时，如果只是从企业大面上看，很难得出有益的认识。只有通过对企业价值链的每一个环节进行分析，才能了解企业在大环境和产业中的地位及优势。只有这样，在制定企业重大的战略决策时才能有明确的方向。

2. 价值链各个环节的集成程度对企业的竞争优势起着关键作用

协调一致的价值链，将支持企业在相关行业的竞争中获取竞争优势。企业可以利用内部扩展的方式来加强价值链的每一个环节，也可以通过与其他企业形成联盟来做到这一点。联盟是与其他企业形成的长期联合，而不是彻底的兼并。联盟包括与结盟伙伴相互协调或共同分享价值链，有利于提高企业价值链的有效性。因而，企业在选择其结盟伙伴时应从价值链的各个环节予以分析，以找出最有利于自身发展的联盟。价值链的这种特点启发企业的管理者强化供应链管理这一企业管理新模式。

3. 企业的价值链体现在一个更广泛的价值系统中

供应商的价值链创造并支持了企业价值链的外部输入，形成了企业的上游价值。供应商不仅仅是向企业提供它的一种或多种产品，还会影响到企业价值链的许多方面。同时，企业的产品通过一些价值链（渠道价值）的渠道到达买方手中，

渠道的附加活动既影响买方，又影响企业自身的活动。而构建供应链以及实施供应链管理其实正是对企业与其供应商、渠道及用户的价值链的各个环节进行重新定位，并使其相互融合的过程。如今供应链的构建及管理是全球企业尤其是跨国性企业的发展趋势。只有对企业的价值链进行分析，才能准确地把握客户的需求和自身的位置、合理地构建供应链、实施高效的供应链管理。

二、核心竞争力

（一）核心竞争力的相关概念

核心竞争力，可以定义为企业借以在市场竞争中取得并扩大优势的决定性的力量，也称核心能力。例如，联邦航空公司因为拥有追踪及控制全世界包裹运送的能力，从而使它在本行业及相关行业的竞争中立于不败之地。一个具有核心竞争力的公司，即使制造的产品看起来不怎么样，但它却能利用核心竞争力使公司整体蓬勃发展。

1. 核心竞争力的构成

构成核心竞争力的要素包括企业员工拥有的技能、企业的技术体系、企业的管理体系和在企业中占主导地位的价值观念。企业的核心竞争力是上述 4 种要素构成的一个有机整体，反映了企业的基本素质与发展潜力。如果说企业在市场上的竞争，短期内主要体现为产品价格与性能的竞争，那么从长期看，这种竞争实际上是核心能力的竞争。在构成企业核心能力的要素中，企业员工拥有的知识技能及融合在企业技术体系中的知识积累与物质条件，是企业进行技术创新的基本资源。而创新活动的各个环节都需要相应的管理体系进行有效的计划、组织、激励与控制。在企业中，占主导地位的价值观念是构成企业核心能力的一种无形因素。它强烈地影响企业领导和职工的行为方式与偏好，并通过经营决策过程和行为习惯体现在企业的技术实践和管理实践中。在技术创新活动中，价值观念往往融合于构成核心能力的其他 3 种要素之中，对创新决策与实施产生影响。

2. 核心竞争力的特性

（1）能很好地实现顾客所看重的价值

增强核心竞争力能显著地降低成本、提高产品质量、提高服务效率、增加顾客的效用，从而给企业带来竞争优势。索尼公司的核心竞争力是"迷你化"，带给顾客的核心利益是便于携带。

（2）能力特性在竞争中的独特性

每一个成功企业的核心竞争力都具有自己的特点，不容易被潜在的竞争对手模仿，而任何一个企业也都不能靠简单地模仿其他企业来建立和发展自己的核心竞争力。企业一旦形成了自己的核心竞争力，就可能在某一领域中建立竞争优势，不断地推出创新成果，从而极大地促进自身的发展。

（3）核心竞争力具有延展性

核心竞争力能够同时应用于多个不同的任务，使企业能在较大范围内满足顾客的需要。例如，佳能公司利用其光学镜片成像技术和微处理技术方面的核心竞争力，成功地进入了复印机、激光打印机、照相机、扫描仪以及传真机等20多个产品领域；本田公司的核心专长是设计和制造发动机，这一专长支撑了小汽车、摩托车、割草机和方程式赛车的制造。

（4）核心竞争力的二重性

一方面，核心竞争力作为供应链管理的资源基础和支持系统，当它适应竞争环境和企业发展战略的要求时，能有效地促进创新和企业发展；另一方面，作为竞争优势基础的企业核心能力必须适应企业外部环境（技术、市场和社会条件）的变化。如果企业核心竞争力不能适应外部环境的变化，原来对企业创新与发展起积极作用的核心竞争能力就可能成为阻碍企业创新与发展的消极因素。核心竞争力的这种消极作用来源于核心能力的刚性。核心竞争力是企业在发展过程中基于长期的经验积累所形成的一种制度化的体系，具有相对的稳定性。当外部环境发生变化时，稳定性很容易表现为某种抗拒变化的惰性，这种惰性就是核心能力的刚性。供应链管理活动会给原有的系统带来某些变革，所以，必须对此予以关注。由于企业核心竞争力正是企业在其发展历史上所做的一系列创新决策和长期创新实践的衍生物，因此，不断进行技术和组织上的创新，是消除核心竞争力刚性最有效的办法。

3.有关核心竞争力的进一步说明

为了更好地理解核心竞争力，这里首先通过几个相关概念的比较来对其做出进一步说明。

（1）竞争力不等于核心竞争力

企业要在市场竞争中领先，当然在市场、财务、技术开发等各功能领域都要有一定的竞争力，但这并不等于核心竞争力。核心竞争力必须具有独特性，是其他竞争对手很难复制的。

（2）核心业务不等于核心竞争力

回归核心业务并不等同于有了核心竞争力。企业集中资源从事某一领域的专业化经营，在此过程中逐步形成自己在管理、技术、产品、销售和服务等多方面与同行的差异。在发展这些差异时，企业能逐步形成自己独特的可提高消费者特殊效用的技术、方式和方法，这些有可能会成为今后企业核心竞争力的构成要素。

（3）没有核心技术，并不意味着没有核心竞争力

例如，戴尔公司没有个人计算机的核心技术，但这并不妨碍其成为行业翘楚，因为戴尔公司的核心竞争力在于高效的供应链管理。

（4）企业核心竞争力是长期经验积累和整体素质的体现

企业可持续的竞争优势是将企业长期运行中具有战略价值的资源和能力进行综合、升华而形成的一种制度化的体系。这样一个整合过程正是企业素质的提升过程，当企业的竞争对手试图模仿企业竞争优势却无法成功或者失去模仿的信心时，企业的竞争优势才是一种可持续性的竞争优势。

（5）核心竞争力是有生命周期的

企业核心竞争力的生命周期可划分为如下几个阶段：无竞争力阶段、一般

竞争力阶段、初级核心竞争力阶段、成熟核心竞争力阶段、核心竞争力弱化阶段、核心竞争力新生阶段。不同企业的核心竞争力所处的生命周期阶段也不同。职工个人和企业原有的知识都会在不断变化的环境中落伍，必须根据变化的环境不断地更新、重组知识技能要素与结构才能维持和增强企业的核心竞争力。

（6）企业核心竞争力是分不同层面的

一个企业往往只处于一条供应链中的某个环节上，在生产领域，产品所包含的知识表现形式不同，有的是企业生产标准，有的是企业生产技术，有的是企业生产产品，甚至有的是企业生产概念。例如，竞争力的外部表现可以是可口可乐的饮料配方，可以是耐克的生产技术，也可以是海尔的管理模式，在不同的层面上都会产生许多具有核心竞争力的企业。

（二）核心竞争力的形成

1. 锁定目标

企业要想培育独特的核心竞争力，必须明确自身努力的方向和目标，只有目标和方向明确了，企业的资源配置和使用才能做到有的放矢，从而加速核心竞争优势的培养壮大。企业核心竞争力是一种独特的竞争优势。每一个企业都有不同的条件、情况，因此它所设置的目标和方向也是不同的。一般来讲，选择核心竞争力的目标定位，主要应考虑以下一些因素：①自身资源状况和以往的知识储备。②行业现状及特点。③竞争对手的实力状态及对比情况。④关联领域的影响。⑤潜在竞争者及替代者的演变前景。由于核心竞争力的形成所耗费的代价较大，且具有一定的刚性，会在较长的时期内影响企业的经营运作，企业在选择核心竞争力培养方向时都比较慎重，常常将目标锁定在最能影响行业发展前景的领域上，以使企业能够掌握更大的竞争主动权。

2. 集中资源

集中资源就是将资源集中于企业选定的某一项或几项目标业务领域，以便最大限度地发挥资源效用，增强特定的竞争优势，形成核心竞争力。当今时代，市场竞争日益激烈，创新成本与风险越来越大，任何一个企业都很难在所有业务活动中成为世界上最杰出的企业。事实上，相对于复杂多变的外部环境而言，任何企业的资源都是有限的，只有将资源集中起来，形成合力，才有可能在目标领域取得突破，建立核心竞争力。即使是当今世界著名的许多大企业，也大多将资源重点集中于某些关键性业务工作上，以求在特定领域达到领先对手的目的。例如，美国的微软公司，日本的本田公司、索尼公司等著名企业，就分别将资源集中起来致力于软件的开发、复杂的芯片设计、小型发动机设计和微型电机系统开发工作，从而在各自的行业里取得了明显的竞争优势。对于我国的大部分企业来说，由于自身实力与发达国家企业有差距，且可利用资源也有限，更应该将有限的财力资源集中于适合自身条件的关键领域，建立独特的竞争优势。

3. 动态学习

坚持动态持续地学习、提高知识技能的积累和储备，是培养和增强核心竞争力的关键。企业员工及组织所拥有的知识技能是重要的无形资产，是核心竞争力中的主要因素。这种知识与技能包含两个层次：①员工个人的知识技能水平与结构。②企业员工的整体素质与知识技能结构。

知识技能既包括现代科学技术知识与管理知识，又包括操作技能与实践经验。企业要建立与发展知识技能优势，必须在人力资源开发与管理中将知识技能的学习、扩散、积累与更新放在重要位置。体现竞争能力的知识技能往往具有领先水平，需要本企业的员工通过创新实践去发现与创造。因此，在实践中创造性地"干中学"，是全面提高职工素质、建立本企业知识技能优势的一种不可替代的学习方式。在科技飞速发展、知识更新周期大大缩短、企业外部环境不断变化的情况下，职工个人和企业原有的知识会在不断变化中落伍，必须进行持续动态的学习，不断地更新、重组知识技能要素与结构，才能维持和增强企业的核心竞争力。动态持续的学习进程不仅有利于增强组织"学习如何学习"的能力，而且可以获得更大的学习曲线效益。

（三）价值分析在构建核心竞争力中的作用

在企业参与的价值活动中，并不是每个环节都创造价值，实际上只有某些特定的价值活动才能真正创造价值。这些真正创造价值的经营活动，就是价值链上的"战略环节"。企业要保持的竞争优势，实际上就是企业在价值链某些特定的战略环节上的优势。

运用价值链的分析方法来确定核心竞争力，就是要求企业密切关注组织的资源状态、特别关注和培养在价值链的关键环节上获得重要的核心竞争力的能力，以形成和巩固企业在行业内的竞争优势。以往，企业战略重心主要放在基本活动上，但随着供求关系的转变，辅助活动的重要性越来越突出，越来越多的企业注重在自己的辅助活动上对2～3个职能领域建立核心竞争优势。例如，耐克公司只从事营销研究与开发活动，其他活动都依靠外购；IBM公司在世界计算机市场上的竞争优势，在很大程度上取决于覆盖全球的强大的组织体系，这种组织体系涉及组织结构、销售网络和维修服务网络。

通过对自身价值链的分析，企业可以更好地锁定目标，集中内外资源构建自己的核心竞争力，并通过不断的动态学习过程，将核心竞争力的刚性转化为柔性，保持企业的核心竞争力。

三、业务外包

（一）业务外包的意义

企业实施业务外包，是将自身的优势功能集中化，而将劣势功能虚拟化，即将劣势功能转移出去，借外部企业资源的优势来弥补和改善自己的弱势。在这种虚拟化模式下，企业可以针对自身的条件，对其任何一个企业部门的业务实施虚拟化，如技术开发部门、生产部门、营销部门等。这种使企业界线模糊化的做法最大限度地发挥了企业有限资源的作用，而且加速了企业对外部环境的反应能力，强化了组织的柔性和敏捷性，对增强企业竞争优势、提升企业的竞争力有着显著的促进作用。

从战略上看，外包能给企业提供极大的灵活性，尤其是在购买高速发展的新技术、新式样的产品或复杂系统的无数组件方面更是如此。当多个优秀的供应商共同生产一个系统的个别组件时，就可以获得比单个企业生产更短的周期。而且每个供应商都拥有很多的人才，具有专业领域方面复杂的技术知识，能更高质量地支持更为专业的设备。战略性的外包把企业对零部件和技术的发展所承担的风险转移到大量的供应商身上。企业无须承担全部零部件的研发与开发设计失败的风险，也无须为一个零部件系统投资或不断地升级。

业务外包推崇的理念是，如果在供应链上的某一环节上本公司不是世界上最好的公司，如果这不是本公司的核心竞争优势，如果这种活动不至于与客户分开，那么可以把它外包给世界上最好的专业公司去做。也就是说，首先确定企业的核心竞争力，并把企业内部的智能和资源集中在那些有核心竞争优势的活动上，然后将剩余的其他企业活动外包给最好的专业公司去做。供应链环境下的资源配置决策是一个增值的决策过程，如果企业能以更低的成本获得比自制更高价值的资源，那么企业可以选择业务外包。以下是促使企业选择业务外包的原因。

1. 成本与财务管理优势

外包之所以能节约成本可能是因为：①规模经济。外包公司可以较低成本提供同等质量服务。②行业差异，人员成本通常会更低。例如，在一个 IT 公司聘用一个坐席代表，因为要比照整个行业状况，所以成本通常会比专业外包公司高（后者通常属于较低成本的行业）。③企业的一次性投资及固定资产的存量可以降低。④在财务管理上，通常支付固定合同的现金，较设立内部成本中心进行预算管理更容易进行成本控制。

2. 分担风险

企业可以通过业务外包分散由政府、经济、市场、财务等因素产生的风险。企业本身的资源、能力是有限的，通过业务外包，与外部的合作伙伴分担风险，企业可以变得更有柔性，更能适应变化的外部环境。

3. 加速重构优势的形式

企业重构需要花费很多的时间，并且获得效益也要很长的时间，而业务外包是企业重构的重要策略，可以帮助企业很快解决业务方面的重构问题。

4. 使用企业不拥有的资源

如果企业没有有效地拥有业务所需的资源（包括所需现金、技术、设备），而且不能盈利时，企业也会将业务外包。这是企业临时外包的原因之一，但是企业必须同时进行成本/利润分析，确认在长期情况下这种外包是否有利，由此决定是否应该采取外包策略。

（二）业务外包的实现

在实施业务外包活动中，确定核心竞争力是至关重要的，因为在没有认清什么是核心竞争优势之前，从外包中获得利润几乎是不可能的。在业务外包理念推崇的基础上实施业务外包，通常需要 4 个阶段。

1. 外包条件准备阶段

（1）外部条件

①产业要有相当程度的标准化。只有在这种条件下，"外包"企业提供的产品才能为本企业所用。

②信息技术的广泛应用。只有本企业与外包服务提供商之间信息能够充分沟通、共享，才能节省交易费用，提高效率。

（2）内部条件

①企业要进行流程重组。传统企业的作业流程大多是在一贯作业模式下制订的，已不能适应产品更新换代、市场信息瞬息万变的竞争环境。企业进行流程重组的目的是提高效率，以适应外包的需要。

②企业要进行组织结构的重建。外包要求充分发挥各个业务单位的积极性和能动性，使每个业务单位在自己的专长领域内不断突破。这就要求建立一种相对分散的、充分授权的组织架构。

③企业要更新经营理念。企业的经营理念必须与当今开放、民主、协同发展的潮流相适应。这也要求本企业领导层具有战略的眼光和追求变革的决心。

2. 企业内部分析和评估阶段

在这一阶段，企业的高层管理者要确定外包的需求并制订实施的策略。主要需要考虑以下问题：

①明确企业经营目标和外包之间的联系。

②明确需要外包的业务领域。在确定了需要外包的业务后，还需要收集大量的材料和数据，以确定通过哪些业务的外包可以获得最快或者最佳的投资回报。

③与员工进行开诚布公的沟通。外包势必涉及一些员工的利益，良好的沟通可以了解到如何满足员工的一些适当要求，而员工的士气和支持将对外包能否顺利实施起到重要的作用。

3. 评估自身外包需求并选择服务提供商阶段

企业的领导层应听取来自内部或外部专家的意见，这支专家队伍至少要涵盖法律、人力资源、财务和经营业务等领域的专业人员，以评估自身的外包需求。需要注意的是，要明确外包商是否真正理解了企业的需求，以及它是否有足够的能力解决企业的问题。除此之外，外包商的财务状况也是需要考虑的重要问题之一。在与外包服务商签订合约时，合同中不仅要规定外包的价格和评测性能的尺度，还要规定服务的级别以及违规的处罚条款。

4. 外包的实施和管理阶段

企业在这一阶段要随时保持对外包业务性能的监测和评估，并及时与厂商交换意见。在外包实施的初期，还要注意帮助企业内部员工适应这一新的运作方式。

在上述 4 个阶段中，特别要关注的事项是：

①业务外包产生的成本。因为选择外包主要是为了节约成本，所以外包的时候要注意成本是不是足够低。

②外包服务提供商的反应速度是不是能够满足本企业核心业务的要求。

③外包方的服务质量，特别是最终产品是否能达到顾客所需要的服务质量。

上述成本、速度和质量，对不同的企业要求不同。例如，在物流外包中，统计数据表明，日本有 80% 的企业采取外包，看重的是质量和速度；而美国、欧洲有 30% ~ 50% 的企业采取外包，比较看重的是成本。

（三）业务外包需要注意的问题

成功的业务外包策略可以帮助企业降低成本、提高业务能力、改善质量、提高利润率和生产率，然而这种方法并不能彻底解决企业的问题。相反这些业务职能可能在企业外部变得更加难以控制。

外包带来了极大的机会，但是它同时也带来了一些问题，如控制权分散和丧失、商业秘密泄露、受长期合同的牵制、存在转换成本、内部员工的抵触、供应容易受到限制、行业技能的依赖性、缺乏外包评价经济量化的标准、存在意外费用或额外负担、面临新型的风险、可能出现安全性问题等。最主要的战略性问题还是在于产品，供应商不能或不愿按其要求供应产品，并且无法阻止它们的供应商与其竞争者合作，或者阻止这些供应商自行进入市场，更糟糕的是，企业会丧失所需的再进入生产的技能和外包之前的状态。而且，如果业务外包采购一种关键的组件将增加企业在新型设计上对供应商的依赖性，从而无法灵活地顺应卖方或者市场的变化做出新的设计。下面还列出了在外包过程中常出现的其他问题，希望能够引起企业的重视。

①企业通常需要将不产生核心能力的业务放在外包之列，而把主要精力和资源集中在核心能力的培育、保持和发展上。然而并非所有的非核心业务都能外包，对于满足以下条件的业务，企业最好选择自营：a. 相关业务的成本低，且质量和效率的综合评价高于外包与采购。b. 相关业务增加的管理机构至少不会影响企业的整体效率。c. 相关业务的水平不低于最好的供应商。咨询公司 Cooper & Lybrand 也提出了外包候选业务的 4 条考虑标准：a. 经常性的活动，尽管它是核心或高技术业务。b. 能够从企业整个体系与管理链分离而单独定义清楚的业务。c. 能被有效衡量保证"伸手可及"的管理活动。d. 能找到几家以上外包提供商提供服务的相应业务。

②业务外包一般可以减少企业对业务的监控，但它同时可能增加企业责任外移的可能性。因此企业必须不断监控外包企业的行为并与之建立稳定的长期的联系。

③员工问题。随着更多业务的外包，员工们会担心失去工作。如果他们知道

自己的工作将被外包，并且只是时间问题的话，就可能出现职业道德和业绩下降的情况，因为他们会失去对企业的信心、失去努力工作的动力，导致更低的业绩水平和生产率。另一个关于员工的问题是企业可能希望获得较低的劳动力成本。越来越多的企业将部分业务转移到不发达国家，获得廉价劳动力以降低成本。企业必须确认自己在这些地方并没有与当地水平差距太大及企业的招聘工作在当地公众中的反应是否消极。公众的反应对于企业的业务、成本、销售有很大影响。

④信息技术要跟上时代的发展步伐，信息滞后仍是影响企业业务外包的重要因素。所以，企业必须建立好自己的信息系统，并加快推进信息工作现代化，特别是充分利用互联网，使自己的商业经营融入全球信息网络中去。这样，才能为业务外包创造条件。

⑤外包可能带来企业在交叉职能上技能的丧失。不同职能中技术人员之间的相互作用常常能够碰撞产生新的思想火花或是灵感。业务外包会使这种交叉职能的头脑风暴丧失殆尽。企业应该有意识地让员工不断紧密地与外界供应商及专家保持联系，那样的话，这些员工的知识基础将比自己生产时要高出许多。

⑥业务外包可能使企业丧失对供应商的控制。当供应商要同时应付几家买主企业，而供应商的重要客户不是本企业时，就会出现某种不协调。此时良好的沟通和合作就显得十分重要，既要与供应商的上层管理人员在政策上进行议价并取得谅解，又要与供应商的下层人员保持紧密、亲善、友好的私人关系。

除此之外，业务外包还会带来一些其他问题，如人才的流失，外包业务、项目的内容、外延定义不清等。专业人士或骨干力量可能因为不能直接从事运营与业务协调，而另谋高就，造成人才的流失。外包业务、项目的内容、外延定义不清，会带来运营混乱与责任不清，甚至会引起企业内部更大的矛盾，因此准确定义外包项目的范围及所包括的服务内容，不仅仅是范围及内容的罗列，更应该详细勾画出外包服务流程中双方的交汇点与分离处。许多业务外包的失败不仅是因为忽略了以上问题的存在，还可能是因为没有选择好合作伙伴、遇到不可预知情况、过分强调短期效益等。建立一个长期、双赢的外包企业与外包提供商之间的互动关系将会成为营造良好企业外部环境中越来越重要的课题，企业的价值链管理流程中必须包括与外包提供商的关系管理。

因此，企业应该从战略上，而不是仅以短期的或权宜的方式来决定是否外包、外包哪些业务，应该客观评估外包的风险和利益，确认在必要时能够控制致命的风险，如关键性技能的潜在丧失；同时必须进行成本利润分析，确认这种外包在长期情况下是否有利，由此决定应该采取的外包策略。

第四节　供应链协同理论

一、供应链协同理论概述

（一）供应链协同的含义

供应链协同是以信息技术为基础，强调供应链成员企业共享资源、共同管理、共同决策的供应链同步运作过程。供应链协同是供应链中各节点企业实现协同运作的活动，包括树立共赢思想，为实现共同目标而努力，建立公平公正的利益共享与风险分担的机制，在信任、承诺和弹性协议的基础上深入合作，搭建电子信息技术共享平台、及时沟通，进行面向客户和协同运作的业务流程再造。

具体来说，供应链协同有 3 层含义：组织层的协同，由"合作—博弈"转变为彼此在供应链中更加明确分工和责任的"合作—整合"；业务流程层的协同，在供应链层次打破企业界限，围绕满足终端客户需求这一核心，进行流程的整合重组；信息层的协同，通过 Internet 技术实现供应链伙伴成员间信息系统的集成，实现运营数据、市场数据的实时共享和交流，从而实现伙伴间更快、更好地协同响应终端客户需求。

（二）供应链企业寻求协同的原因

第一，有利于实现协同效益。市场竞争环境的剧烈变化使企业之间协同的必要性和重要性日益凸现，但是追求自身利益最大化的动机往往会破坏乃至摧毁这种协同关系。为了稳固和强化彼此之间的合作关系就有必要通过公司协议或联合组织等方式结成战略协同组织，从而实现协同效益，具体包括：对资源或业务行为的共享、对企业形象的共享等。

第二，有利于发挥价值链优势。价值链的分解与整合都是企业生产与组织的创新，用于提升企业的竞争力，这也是供应链协同的第二个动因。价值链的整合，涉及竞争对手忽略环节的整合、寻求新的价值链结合方式，二者都可能使企业获得新的竞争优势。整合可以采用一体化的方式，也可以通过协同方式来完成。由于整合效果的不确定性，具有一定的风险，实行供应链协同具有一定的灵活性和较低的退出成本，可能是较佳的选择。

第三，有利于构造竞争优势群。竞争优势群就是具有不同诱因、可持续性和作用空间的竞争优势所构成的持续演进的竞争优势系统，其构成要随着时间的推移不断发生变化，有的竞争优势逐渐丧失，也有新的竞争优势不断产生。典型的竞争优势群包括主导优势和支撑优势。竞争优势群的动态发展包括竞争优势的创造、维持、增强、权衡和创新诸环节。协同成员要相互督促伙伴维持、强化各自的竞争优势，还要共同创造新的竞争优势，必要时吸收具有新优势的新成员或者清除有碍竞争优势群保持的成员。

第四，有利于提高企业的核心竞争力。企业竞争能力的强弱是由企业的核心业务决定的。每一个企业都有其擅长的核心业务，当然也有其不擅长的业务。在企业资源有限的情况下，企业一般会集中资源发展自己的核心业务，其非核心业务通过外包的方式交给其他优秀的企业，不但可以借助其他企业的优势弥补自身的不足，达到资源外用的目的，还可以实现强强联合，提高企业的竞争能力。

（三）供应链协同的层次划分

供应链协同从实现范围上由两个方面组成：企业内部的协同和企业间的协同。企业内部协同是为了企业内的各个职能部门、各个业务流程能够服从于企业的总目标，实现不同部门、不同层次、不同周期的计划和运营体系的协同，如采购、库存、生产、销售及财务间的协同；战略、战术、执行层次的协同；长期、中期及短期规划间的协同等。顺畅的工作流、信息流，合理的组织结构设计，动态的流程优化思考是实现企业内部协同的有力保障。

供应链企业间协同是指供应链上的成员在共享需求、库存、产能和销售等信息的基础上，根据供应链的供需情况实时地调整计划和执行交付或获取某种产品／服务的过程。企业间的协同较企业内部的协同复杂得多，企业间因为法人主体的不同，从而很难形成统一的、明确的共同目标。另外，在供应链中企业之间的决策影响是相互的，虽然有强势和弱势，但是不存在绝对的最高决策个体，因此会导致纠纷的解决比较困难，尤其是应对紧急事件的统一支援和指挥的企业间协同较难实现。

构建企业间的协同，必须在供应链层次共同构建一个共赢的供应链目标；建立企业间亲密的伙伴关系，达成相当高的信任度；实现资源的有效整合与利用，相互开放业务信息，增强运营体系的透明度；从供应链的层次，围绕满足终端客户需求为核心，实现企业间流程重组。同时，还要集成企业间的供应链管理信息系统，实现实时信息的交互和共享。供应链是一个复杂的体系，因而信息技术成为实现供应链协同和监控所有供应链环节的重要支柱。

实现供应链协同可分为基础建设、职能集成、内部供应链协同、外部供应链协同4个步骤。其中关键是企业内部供应链和外部供应商及客户的协同，这也是供应链协同管理的精髓所在。企业内部供应链与外部供应商及客户的协同按其层次可划分为战略层协同、策略层协同和技术层协同，其中战略层协同处于供应链协同的最高层次；技术层协同主要是通过协同技术的支持实现供应链的同步运作和信息协同；策略层协同是供应链协同管理研究的中心问题，主要包括需求预测协同、产品设计协同、计划协同、采购协同、库存协同等形式。

二、供应链技术层协同

供应链协调管理的实现主要是通过核心企业确定相应的信息知识共享战略，构建供应链协同信息平台，将经销商及消费者的需求信息与零部件供应商和其他战略伙伴供应商的上游供应商共享，以实现供应链信息的动态协调。

技术层协同是供应链实现协同的基础，为战略协同和策略协同提供有力的支持。在技术层协同中，主要以信息技术和协同运作技术为支持。信息技术包括自动识别技术、电子数据交换技术（EDI）/可扩展标记语言（XML）、地理信息系统（GIS）与全球定位系统（GPS）技术、电子订货系统（EOS）等。实现供应链同步运作的协同技术主要包括多智能体技术、虚拟电子链技术（VEC）、工作流管理技术以及应用软件技术等。

EOS 是指企业利用通信网络和终端设备，以在线连接的方式进行订货作业和订货信息交换的系统。EOS 有利于减少存货量，提高管理效率。对于供应链整体来讲，可以实现实时分析商品订货信息，准确判断畅销品和滞销品，有利于调整生产计划，为供应链中成员提供及时、准确的销售信息，从而提高供应链运作效率。

在信息技术的支持下，供应链协同运作技术在传统库存领域有 ABC 分类分析法、供应商管理用户库存（VMI）、联合库存管理（JMI）、协同式供应链库存管理（CPFR）方法等。JMI 是一种基于协调中心的库存管理办法，是为了解决供应链系统中由于各节点企业的相互独立库存运作模式导致的需求放大现象，为提高供应链的同步化程度而提出的。协同规划、预测和补货（CPFR）是一种协同式的供应链库存管理技术，它能同时降低销售商的存货量，增加供应商的销售量。CPFR 最大的优势是能及时准确地预测由各项促销措施或异常变化带来的销售高峰和波动，从而使销售商和供应商都能做好充分准备，赢得主动。除了库存领域内的协同技术，还有一些最近发展起来的协同运作技术，其中 VEC 技术是在虚拟网络环境下供应链协同运作的主要技术，它连接供应商、贸易伙伴和客户共同作为一个有凝聚力、协同的实体。供应链上的成员在虚拟的环境下运用技术和协同管理在速度、敏捷性、实时控制和客户反应方面可以提高业务运作能力。

多智能体技术采用协商的决策，能够在相同环境中采用不同的解决方法，具有并行性、智能性和柔性的特点。它通常应用在比较复杂的、柔性高的、动态的、开放的分布式环境中，为系统集成、并行设计、实现智能制造、敏捷制造提供了更有效的手段。工作流管理技术则是实现企业业务过程建模、仿真优化分析、过程管理与集成，最终实现业务过程自动化的核心技术。支持协同的应用软件技术主要包括企业资源计划（ERP）、供应链管理（SCM）、供应商关系管理（SRM）、客户关系管理（CRM）、业务流程重组（BPR）、供应商管理库存（VMI）等可供企业选择安装的应用软件。

第二章

供应链管理的关键技术与运行机制

第一节　物联网与移动互联网技术

一、物联网技术

（一）物联网的基本定义

目前，国内外对物联网还没有一个权威、统一的定义，随着各种感知技术、现代网络技术、人工智能和自动化技术的发展，物联网的内涵也在不断地完善，具有代表性的定义如下。

定义 1：由具有标识、虚拟个性的物体 / 对象组成的网络，这些标识和个性运行在智能空间，使用智慧的接口与用户、社会和环境的上下文进行连接和通信。

定义 2：物联网是利用条码与二维条码（简称二维码）、射频标签（RFID）、GPS、红外感应器、激光扫描器、传感器网络等自动标识与信息传感设备及系统，按照约定的通信协议，通过各种局域网、接入网、互联网将物与物、人与物、人与人连接起来，进行信息交换与通信，以实现智能化识别、定位、跟踪、监控和管理的一种信息网络。它是在互联网基础上延伸和扩展的网络。

定义 3：物联网是虚拟网络与现实世界实时交互的一种新型系统，其核心仍然是互联网,是在互联网基础上延伸和扩展的网络;其特点是无处不在的数据感知、以无线为主的信息传输、智能化的信息处理,用户端可以延伸和扩展到任何物品与物品之间,进行信息交换和通信。

定义 4:物联网实现人与人、人与物、物与物之间任意的通信,使联网的每一个物件均可寻址、通信、控制。

定义 5:物联网是未来互联网的整合部分,是以标准、互通的通信协议为基础,具有自我配置能力的全球动态网络设施。在这个网络中,所有实质和虚拟的物品都有特定的编码和物理特性,通过智能界面无缝连接,实现信息共享。

对比物联网的各种定义,我们发现狭义的物联网指连接物品与物品的网络,实现物品的智能化识别和管理;广义的物联网则可以看作信息空间与物理空间的融合,将一切事物数字化、网络化,在物品与物品之间、物品与人之间、人与现实环境之间实现高效信息交互,并通过新的服务模式使各种信息技术融入社会行为,是信息化在人类社会综合应用达到的更高境界。

物联网概念的问世,打破了之前的传统思维。过去的思路一直是将物理基础设施和 IT 基础设施分开:一方面是机场、公路、建筑物;另一方面是数据中心、个人计算机、宽带等。而在物联网时代,钢筋混凝土、电缆将与芯片、宽带整合为统一的基础设施,在此意义上,基础设施更像是一个新的地球工地,世界的运转就在它上面进行,其中包括经济管理、生产运行、社会管理乃至个人生活。

因此,目前普遍认为的物联网应该具备 3 个特征:一是全面感知,即利用射频识别、传感器、二维码等感知、捕获、测量技术随时随地对物体进行信息采集和获取;二是可靠传递,通过各种电信网络与互联网的融合,将物体的信息实时、准确地传递出去;三是智能处理,利用云计算、模糊识别等各种智能计算技术,对海量感知数据和信息进行分析和处理,对物体实施智能化的决策和控制。

(二)物联网的体系结构

1. 感知层

物联网与传统网络的主要区别在于,物联网扩大了传统网络的通信范围,即物联网不再局限于人与人之间的通信，而是扩展到了人与物、物与物之间的通信。因此，在物联网具体实现过程中，要实现对物的全面感知。

（1）感知层的功能

物联网在传统网络的基础上，从原有网络用户终端向"下"延伸和扩展，扩大通信的对象范围，即通信不再仅局限于人与人之间的通信，而是扩展到了人与现实世界的各种物体之间的通信。这里的物体并不是自然物品，而是要满足一定的条件才能够被纳入物联网的范围，例如，有相应的信息接收器和发送器、数据传输通路、数据处理芯片、操作系统、存储空间等，遵循物联网的通信协议，在物联网中有可被识别的标识。显然，现实世界的物品未必能满足这些要求，这就需要特定的物联网设备的帮助才能满足以上条件，加入物联网，具体来说就是需要嵌入式系统、传感器、RFID 等的帮助。

物联网感知层解决的就是人类世界和物理世界的数据获取问题，包括各类物理量、标识、音频、视频数据。感知层处于三层架构的最底层，是物联网发展和应用的基础，具有物联网全面感知的核心能力。作为物联网的最基本一层，感知层具有十分重要的作用。

感知层包括数据采集和传感网部分。其中，数据采集部分主要用于采集物理世界中发生的物理事件和数据，包括各类物理量、标识、音频、视频数据。物联网的数据采集涉及传感器、RFID、多媒体信息采集、二维码和实时定位等技术，如温度传感器、声音传感器、压力传感器等各种传感器、图像采集卡、RFID 读写器、二维码识读器、摄像头、各种终端、GPS 等定位装置等。传感网部分实现了传感器、RFID 等数据采集技术所获取数据的短距离传输、自组网以及多个传感器对数据的协同信息处理过程。

（2）感知层的关键技术

感知层所需要的关键技术包括检测技术、中低速无线或有线短距离传输技术等。具体来说，感知层综合了传感器技术、嵌入式计算技术、智能组网技术、无线通信技术、分布式信息处理技术等，能够通过各类集成化的微型传感器的协作实时监测、感知和采集各种环境或监测对象的信息。通过嵌入式系统对信息进行处理，并通过随机自组织无线通信网络以多跳中继方式将所感知信息传送到接入层的基站节点和接入网关，最终到达用户终端，从而真正实现"无处不在"的物联网的理念。

①传感器技术：人是通过视觉、嗅觉、听觉及触觉等来感知外界信息的，感知的信息输入大脑进行分析、判断和处理，大脑再指挥人做出相应的动作，这是人类认识世界和改造世界需要具有的最基本的能力。但是通过人的五官感知外界的信息非常有限，例如，人无法利用触觉来感知超过几十甚至上千摄氏度的温度，而且也不可能辨别温度的微小变化，这就需要电子设备的帮助。同样，利用电子仪器特别是计算机控制的自动化装置来代替人的劳动时，虽然计算机类似人的大脑，但是仅有大脑而没有感知外界信息的"五官"显然是不够的，计算机还需要它们的"五官"——传感器。传感器是一种检测装置，能感受到被测的信息，并能将检测感受到的信息，按一定规律变换成电信号或其他所需形式的信息输出，以满足信息的传输、处理、存储、显示、记录和控制等要求。它是实现自动检测和自动控制的首要环节。在物联网系统中，对各种参量进行信息采集和简单加工处理的设备，称为物联网传感器。传感器可独立存在，也可以与其他设备一体的方式呈现，但无论哪种方式，它都是物联网中的感知和输入部分。在未来的物联网中，传感器及由其组成的传感器网络将在数据采集前端发挥重要的作用。

传感器的分类方法多种多样，比较常用的有按传感器的物理量、工作原理、输出信号的性质 3 种方式。此外，按照是否具有信息处理功能来分类的意义越来越重要，特别是在未来的物联网时代。按照这种分类方式，传感器可分为一般传感器和智能传感器。一般传感器采集的信息需要计算机进行处理；智能传感器带有微处理器，本身具有采集、处理、交换信息的能力，具备数据精度高、高可靠性与高稳定性、高信噪比与高分辨率、强自适应性、低价格性能比等特点。

传感器是摄取信息的关键器件，是物联网中不可缺少的信息采集手段，也是采用微电子技术改造传统产业的重要方法，对提高经济效益、科学研究与生产技术的水平有着举足轻重的作用。传感器技术水平高低不但直接影响信息技术水平，而且影响信息技术的发展与应用。目前，传感器技术已渗透到科学和国民经济的各个领域，在工农业生产、科学研究及改善人民生活等方面起着越来越重要的作用。

②射频识别技术：RFID 是射频识别（Radio Frequency Identification）的英文缩写，是 20 世纪 90 年代开始兴起的一种自动识别技术，它利用射频信号通过空间电磁耦合实现无接触信息传递并通过所传递的信息实现物体识别。RFID 既可以看作一种设备标识技术，也可以归类为短距离传输技术。

RFID 是一种能够让物品"开口说话"的技术，也是物联网感知层的一个关键技术。在对物联网的构想中，RFID 标签中存储着规范而具有互用性的信息，通过有线或无线的方式把它们自动采集到中央信息系统，实现物品（商品）的识别，进而通过开放式的计算机网络实现信息交换和共享，实现对物品的"透明"管理。

RFID 系统由电子标签（Tag）、读写器（Reader）和天线（Antenna）三部分组成。其中，电子标签芯片具有数据存储区，用于存储待识别物品的标识信息；读写器是将约定格式的待识别物品的标识信息写入电子标签的存储区中（写入功能），或在读写器的阅读范围内以无接触的方式将电子标签内保存的信息读取出来（读出功能）；天线用于发射和接收射频信号，往往内置在电子标签和读写器中。

RFID 技术的工作原理是电子标签进入读写器产生的磁场后，读写器发出的射频信号，凭借感应电流所获得的能量发送出存储在芯片中的产品信息（无源标签或被动标签），或者主动发送某一频率的信号（有源标签或主动标签）；读写器读取信息并解码后，送至中央信息系统进行有关数据处理。

RFID 具有无须接触、自动化程度高、耐用可靠、识别速度快、适应各种工作环境、可实现高速和多标签同时识别等优势，因此可应用的领域广泛，如物流和供应链管理、门禁安防系统、道路自动收费、航空行李处理、文档追踪 / 图书馆管理、电子支付、生产制造和装配、物品监视、汽车监控、动物身份标识等。以简单 RFID 系统为基础，结合已有的网络技术、数据库技术、中间件技术等，构筑一个由大量联网的读写器和无数移动的标签组成的、比 Internet 更为庞大的物联网是 RFID 技术发展的趋势。

③二维码技术：二维码技术是物联网感知层实现过程中最基本和关键的技

术之一。二维码也称为二维条码或二维条形码，是用某种特定的几何形体按一定规律在平面上分布（黑白相间）的图形来记录信息的应用技术。从技术原理来看，二维码在代码编制上巧妙地利用构成计算机内部逻辑基础的 0 和 1 比特流的概念，使用若干与二进制相对应的几何形体来表示数值信息，并通过图像输入设备或光电扫描设备自动识读以实现信息的自动处理。与一维码相比，二维码有着明显的优势，归纳起来主要有以下几方面：数据容量更大，二维码能够在横向和纵向两个方位同时表达信息，因此能在很小的面积内表达大量的信息；超越了字母数字的限制；具有抗损毁能力。此外，二维码还可以引入保密措施，其保密性较一维码要强很多。

2. 网络层

（1）网络层的功能

网络层的主要功能是利用现有的网络通信技术，实现感知数据和控制信息的快速、可靠、安全双向传递，包括互联网、移动通信网、卫星通信网、广电网、行业专网以及形成的融合网络等。互联网是物联网的核心网络；移动通信网提供广阔范围内连续的网络接入服务；现有的 Wi-MAX 技术提供城域范围内高速的数据传输服务；无线局域网包括现在广为流行的无线保真（Wi-Fi）为一定区域内的用户提供网络访问服务；蓝牙、ZigBee 等通信技术，具有功耗低、传输速率低、距离短等特点，适用于个人电子产品互联、工业设备控制等领域。各种不同类型的网络适用于不同的环境，共同提供便捷的网络接入，是实现物物互联的重要基础设施。

（2）网络层的关键技术

由于物联网网络层是建立在 Internet 和移动通信网等现有网络基础上的，除具有目前已经比较成熟的如远距离有线、无线通信技术和网络技术外，为实现"物物相联"的需求，物联网网络层将综合使用互联网协议版本 6（IPv6）、Wi-Fi等通信技术，实现有线与无线的结合、宽带与窄带的结合、感知网与通信网的结合，同时，网络层中的感知数据管理与处理技术是实现以数据为中心的物联网的核心技术。感知数据管理与处理技术包括物联网数据的存储、查询、分析、挖掘、理解以及基于感知数据决策和行为的技术。

3. 应用层

（1）应用层的功能

应用层包括物联网应用支撑子层和物联网应用两部分。其中，物联网应用支撑子层对感知层通过传输层传输的信息进行动态汇集、存储、分解、合并、数据分析、数据挖掘等智能处理，并为上面的物联网应用提供物理世界所对应的动态呈现等，主要包括数据库技术、云计算技术、智能信息处理技术、智能软件技术、语义网技术等。物联网应用部分实现物联网的各种具体的应用并提供服务。物联网具有广泛的行业结合的特点，根据某一种具体的行业应用，依赖感知层和网络层共同完成应用层所需要的具体服务。云计算技术为感知数据的存储、分析提供了很好的平台，是信息处理的重要组成部分，也是应用层各种应用的基础。

感知层是物联网发展和应用的基础，网络层是物联网发展和应用的可靠保证，如果没有感知层和网络层提供的基础，应用层也就成了"无源之水"，但未来的物联网发展将更加关注应用层。

（2）应用层的关键技术

物联网应用层能够为用户提供丰富多彩的业务体验，然而，如何合理高效地处理从网络层传来的海量数据，并从中提取有效信息，是物联网应用层要解决的一个关键问题。

① M2M 是 Machine-to-Machine（机器对机器）的缩写，根据不同应用场景，往往也被解释为 Man-to-Machine（人对机器）、Machine-to-Man（机器对人）、Mobile-to-Machine（移动网络对机器）、Machine-to-Mobile（机器对移动网络）。由于 Machine 一般特指人造的机器设备，而物联网（The Internet of Things）中的 Things 则是指更抽象的物体，范围更广。

M2M 是现阶段物联网普遍的应用形式，是实现物联网的第一步。M2M 业务现阶段通过结合通信技术、自动控制技术和软件智能处理技术，实现对机器设备信息的自动获取和自动控制。这个阶段通信的对象主要是机器设备，尚未扩展到任何物品，在通信过程中，也以使用离散的终端节点为主。并且 M2M 的平台也不等于物联网运营的平台，它只解决了物与物的通信，解决不了物联网智能化的应用。所以，随着软件的发展，特别是应用软件和中间件软件的发展，M2M 平台可以逐渐过渡到物联网的应用平台上。

M2M 将多种不同类型的通信技术有机地结合在一起，将数据从一个终端传送到另一个终端，也就是机器与机器的对话。M2M 技术综合了数据采集、GPS、远程监控、电信、工业控制等技术，可以在安全监测、自动抄表、机械服务、维修业务、自动售货机、公共交通系统、车队管理、工业流程自动化、电动机械、城市信息化等环境中运行并提供广泛的应用和解决方案。

M2M 技术的目标就是所有机器设备具备联网和通信能力，其核心理念就是网络一切。随着科学技术的发展，越来越多的设备具有了通信和联网能力，网络一切逐步变为现实。M2M 技术具有非常重要的意义，有着广阔的市场和应用，将会推动社会生产方式和生活方式的新一轮变革。

②云计算是分布式计算、并行计算和网格计算的发展，或者说是这些计算机科学概念的商业实现。云计算通过共享基础资源（硬件、平台、软件）的方法，将巨大的系统池连接在一起以提供各种 IT 服务，这样企业与个人用户无须再投入昂贵的硬件购置成本，只需要通过互联网来租赁计算力等资源。用户可以在多种场合，利用各类终端，通过互联网接入云计算平台来共享资源。

云计算涵盖的业务范围，一般有狭义和广义之分。狭义云计算指 IT 基础设施的交付和使用模式，通过网络以按需、易扩展的方式获得所需的资源（硬件、平台、软件）。提供资源的网络被称为"云"，"云"中的资源在使用者看来是可以无限扩展的，并且可以随时获取、按需使用、随时扩展、按使用付费。这种特性经常被称为像水电一样使用的 IT 基础设施。广义云计算指服务的交付和使用模式，通过网络以按需、易扩展的方式获得所需的服务。这种服务可以是 IT 和软件、互联网相关的，也可以使用任意其他的服务。

云计算由于具有强大的处理能力、存储能力、带宽和极高的性价比，可以有效用于物联网应用和业务，也是应用层能提供众多服务的基础。它可以为各种不同的物联网应用提供统一的服务交付平台，可以为物联网应用提供海量的计算和存储资源，还可以提供统一的数据存储格式和数据处理方法。利用云计算极大地简化了应用的交付过程、降低了交付成本，并提高了处理效率。同时，物联网也将成为云计算最大的用户，促使云计算取得更大的商业成功。

③人工智能是探索研究各种机器模拟人的某些思维过程和智能行为（如学习、推理、思考、规划等），使人类的智能得以物化与延伸的一门学科。目前对人工智能的定义大多可划分为四类，即机器"像人一样思考""像人一样行动""理性地思考"和"理性地行动"。人工智能企图了解智能的实质，并生产出一种新的能以与人类智能相似的方式做出反应的智能机器。该领域的研究包括机器人、语言识别、图像识别、自然语言处理和专家系统等。目前主要的方法有神经网络、进化计算和粒度计算3种。在物联网中，人工智能技术主要负责分析物品所承载的信息内容，从而实现计算机自动处理。

人工智能技术的优点在于：极大地改善了操作者作业环境，减轻了工作强度；提高了作业质量和工作效率；解决了一些危险场合或重点施工应用；环保、节能；提高了机器的自动化程度及智能化水平；提高了设备的可靠性，降低了维护成本；实现了故障诊断智能化等。

④数据挖掘是从大量的、不完全的、有噪声的、模糊的及随机的实际应用数据中，挖掘出隐含的、未知的、对决策有潜在价值的数据的过程。数据挖掘主要基于人工智能、机器学习、模式识别、统计学、数据库、可视化技术等，高度自动化地分析数据，做出归纳性的推理。它一般分为描述型数据挖掘和预测型数据挖掘两种：描述型数据挖掘包括数据总结、聚类及关联分析等；预测型数据挖掘包括分类、回归等。通过对数据的统计、分析、综合、归纳和推理，揭示事件间的相互关系、预测未来的发展趋势、为决策者提供决策依据。在物联网中，数据挖掘只是一个代表性概念，是一些能够实现物联网"智能化""智慧化"的分析技术和应用的统称。细分起来，包括数据挖掘和数据仓库、决策支持、商业智能、报表、ETL（数据抽取、转换和清洗等）、在线数据分析、平衡计分卡等技术和应用。

此外，物联网还应包括安全机制、容错机制、服务质量控制等贯穿各层的支撑技术来为用户提供各种具体的应用支持。

（三）物联网的关键技术

1. 感知与识别技术

感知与识别技术是物联网的基础，负责采集物理世界中发生的物理事件和数据，实现外部世界信息的感知和识别，包括多种发展成熟度差异性很大的技术。

传感技术利用传感器和多跳自组织传感器网络，协作感知、采集网络覆盖区域中被感知对象的信息。传感器技术依附于敏感机理、敏感材料、工艺设备和计测技术，对基础技术和综合技术要求非常高。传感器是物联网中获得信息的唯一手段和途径，传感器采集信息的准确、可靠、实时将直接影响控制节点对信息的处理与传输。传感器的可靠性、实时性、抗干扰性等性能，对物联网应用系统的性能起到举足轻重的作用。传感技术的发展与突破主要体现在两方面：一是感知信息方面；二是传感器自身的智能化和网络化。目前，传感器在被检测量类型和精度、稳定性、可靠性、低成本、低功耗方面还没有达到规模应用水平，是物联网产业化发展的重要瓶颈之一。

识别技术涵盖物体识别、位置识别和地理识别，对物理世界的识别是实现全面感知的基础。物联网标识技术是以二维码、RFID 标识为基础的，对象标识体系是物联网的一个重要技术点。从应用需求的角度来说，识别技术首先要解决的是对象的全局标识问题，需要研究物联网的标准化物体标识体系，进一步融合及适当兼容现有各种传感器和标识方法，并支持现有的和未来的识别方案。

2. 网络与通信技术

网络是物联网信息传递和服务支撑的基础设施，通过泛在的互联功能，实现感知信息高可靠性、高安全性传送。

物联网的网络技术涵盖泛在接入和骨干传输等多个层面的内容。以 IPv6 为核心的下一代网络，为物联网的发展创造了良好的基础网条件。以传感器网络为代表的末梢网络在规模化应用后，面临与骨干网络的接入问题，因此需要研究固定、无线和移动网及点对点（Ad-hoc）网技术、自治计算与联网技术等，实现物体无缝和透明接入。

物联网的通信技术主要实现物联网数据信息和控制信息的双向传递、路由和控制。物联网需要综合各种有线及无线通信技术，包括近距离无线通信技术。由于物联网终端一般使用 ISM 频段进行通信，该频段主要开放给工业、科学和医学 3 种机构使用，无须授权许可，只需要遵守一定的发射功率，并且不对其他频段造成干扰便可。目前该频段内包括大量的物联网设备以及现有的 Wi-Fi、超宽带（UWB）、ZigBee、蓝牙等设备，频谱空间将极其拥挤，制约物联网的实际大规模应用。为提升频谱资源的利用率，让更多的物联网业务实现空间并存，须切实提高物联网规模化应用的频谱保障能力，保证异种物联网的共存，并实现其互联互通互操作。

3. 信息处理与服务技术

信息处理与服务技术负责对数据信息进行智能信息处理并为应用层提供服务。信息处理与服务层主要解决感知数据如何存储（如物联网数据库技术、海量数据存储技术）、如何检索（搜索引擎等）、如何使用（云计算、数据挖掘、机器学习等）、如何不被滥用的问题（数据安全与隐私保护等）。对于物联网而言，信息的智能处理是核心部分。物联网不仅要收集物体的信息，更要利用这些信息对物体实现管理，因此信息处理技术是提供服务与应用的重要组成部分。

物联网的信息处理与服务技术主要包括数据的存储、数据融合与数据挖掘、智能决策、云计算、安全及隐私保护等。目前由于物联网处于发展的初级阶段，物联网的信息处理与服务还处于发展之中，对于大规模的物联网应用而言，海量数据的处理以及数据挖掘、数据分析正是物联网的威力所在，但目前这些还处于发展阶段的初期。

二、移动互联网技术

（一）移动互联网的组成

移动互联网是互联网发展的结果，是以移动网络作为接入网络的互联网，是互联网技术、平台、商业模式和应用及其与移动通信相结合并实践的总称。移动互联网包括三大要素：移动终端设备、移动通信网络和移动互联网应用。

移动互联网将互联网与移动通信有效融合，使移动用户通过移动通信来接入互联网。结合终端的移动性、可定位性、便携性等特点，移动互联网能够提供数量众多的新型应用服务和应用业务，为移动用户随时随地提供具有个性化、多样化的服务。

（二）移动互联网的特性和技术体系

1.移动互联网的特性

移动互联网将移动通信与互联网结合成一体，从而继承了移动通信随时、随地、随身及互联网开放、分享、互动的优势。移动互联网的特性详述如下。

（1）交互性

用户可以随时随地应用移动终端，在移动状态下接入并使用移动互联网。从智能手机到平板电脑，人们可以随时随地用语音、图文、视频沟通和解决问题，大大提高了用户与移动互联网的交互性。

（2）便携性

移动终端小巧轻便、可随身携带，用户在任意场合都可接入网络。因此，用户获取娱乐、生活、商务相关信息，进行支付、查找周边位置等操作变得很便捷。

（3）隐私性

移动终端设备的隐私性远高于台式机器，数据共享时既可以保障认证客户的有效性，也可以保证信息的安全性。

（4）定位性

移动互联网有别于传统互联网的典型应用是位置服务应用。通过基站定位、CPS 定位或混合定位，移动终端可以获取使用者的位置，采集周边环境信息，从而提供个性化的服务。如基于位置的用户监控及消息通知服务、基于位置的娱乐和电子商务应用、基于位置的用户换机感知及信息服务等。

（5）多样性

表现在终端的种类繁多、一个终端能同时运行多种应用、支持多种无线接入手段、应用服务的种类多种多样等。

（6）局限性

移动互联网在提供便捷服务的同时，也受到了来自网络能力和终端硬件能力的限制。在网络能力方面，受到无线网络传输环境、技术能力等因素限制；在终端硬件能力方面，受到终端大小、处理能力、电池容量等因素限制。

（7）强关联性

移动互联网业务受到了网络能力及终端硬件能力的限制，因此，其业务内容和形式也需要匹配特定的网络技术规格和终端类型，具有强关联性。

（8）身份统一性

这种身份统一是指移动互联网用户自然身份、社会身份、交易身份、支付身份通过移动互联网平台得以统一。信息本来是分散到各处的，互联网逐渐发展、基础平台逐渐完善之后，各处的身份信息将得到统一。

可以看出，移动互联网继承了传统互联网的开放协作特征，同时也具有隐私性、便携性、定位性等特点。随着移动互联网的快速普及，网络连接从 2G、3G、4G 到 5G（第二代、第三代、第四代到第五代移动通信技术），让手机等移动设备成为多屏的互动生态转移的中心。智能可穿戴设备、智能家居、智能机器人等与物流、交通、医疗、能源等传统行业已经深度融合。而结合物流与供应链的行业特征，移动互联网的移动性、便携性是其必不可少的特性，是产生创新产品、创新应用与创新模式的源泉。

2. 移动互联网的技术体系

移动互联网的技术体系主要包括：最底层（端）的移动智能终端软件平台技术、移动智能终端硬件平台技术、移动智能终端元器件技术，中间层（管）的面向移动互联网的网络平台技术，最顶层（云）的移动互联网应用服务平台技术，及公共的移动互联网安全控制技术。

在移动互联网的整体架构中，终端居于举足轻重的地位。这是由于终端的个性化、移动性、融合性的诸多特点，其本身就是移动互联网发展创新的根本驱动力，对移动互联网的研究不可能绕开终端而仅关注移动互联网业务和服务。不仅如此，终端的软件和硬件也是移动互联网研究的重要部分之一。

第二节　大数据与云计算技术

一、大数据技术

（一）大数据的特点与概念

什么是大数据？ IBM 曾经运用"5V"来描述大数据。"5V"指的是：Volume（大量）、Velocity（高速）、Variety（多样）、Value（低价值密度）和 Veracity（真实性）。其中，Volume（大量）指的是数据量大，采集、存储和计算的量都非常大；Velocity（高速）表明数据增长速度快，处理速度也快，时效性要求高，这是大数据区别于传统数据挖掘的显著特征；Variety（多样）说明数据的种类和来源多样化，包括结构化、半结构化和非结构化数据，多类型的数据对数据的处理能力提出了更高的要求；Value（低价值密度）表明数据的价值密度相对较低，海量数据烦冗复杂，如何从中筛选出有效信息是大数据时代最需要解决的问题；Veracity（真实性）代表数据的准确性和可信赖度，即数据的质量。大数据技术"5V"特点的归纳总结如表 2-1 所示。

表 2-1　大数据技术的"5V"特点

特点	特点描述
Volume（大量）	数据量大，采集、存储和计算的量都非常大
Velocity（高速）	数据增长速度快，处理速度也快，时效性要求高
Variety（多样）	数据的种类和来源多样化
Value（低价值密度）	数据的价值密度相对较低
Veracity（真实性）	数据的准确性和可信赖度，即数据的质量

因此，结合"5V"特点，可以看出大数据绝不仅仅是字面意义上的"大量数据"或"海量数据"，还包括对大量数据处理的过程和能力。事实上，各种机构对大数据的定义不尽相同。

智库百科给出的大数据概念：大数据是指无法在一定时间内用常规软件工具对其内容进行抓取、管理和处理的数据集合。大数据技术是指从各种各样类型的数据中，快速获得有价值信息的能力。适用于大数据的技术，包括大规模并行处理（MPP）数据库、数据挖掘电网、分布式文件系统、分布式数据库、云计算平台、互联网和可扩展的存储系统。

有定义指出，大数据又称为巨量资料，指的是传统数据处理应用软件不足以处理的大且复杂的数据集。此外，大数据也可以定义为各种来源的大量非结构化和结构化数据。大数据通常包含的数据量超出了传统软件在人们可接受时间内进行处理的能力。

从这些大数据概念的共同点可以看出，相较于传统数据管理技术，大数据技术在数据规模、数据类型、数据处理模式、数据处理工具等方面存在较为明显的差异。这些差异表现为：数据集的复杂度和处理难度上升；技术覆盖范围更广，包括数据采集、存储、搜索、共享、传输、分析和可视化等。

大数据技术难掌握的主要原因是数据量大且繁杂，有效信息难提取。大数据的主要来源是大街小巷、工作场所、港口场站和楼层通道等各种生活场景中大量微小且带有处理功能的传感器，由此获得的数据量巨大、种类多样且随时间动态变化。相较于企业ERP的数据库中纯净的企业业务数据，传感器记录下来的数据需要经过大量的转换、清洗、抽取和集成工作，通过相关性关联与聚合，采用一致性的结构来存储抽取，才能形成有效数据。因此，由于数据量太大，往往缺乏对所有数据分布特点的认知，设计算法评价目标具有一定的难度。

（二）大数据的关键技术及价值

大数据的关键技术主要服务于4项任务，包括数据生成（也叫数据采集或数据获取）、数据存储、数据处理、数据应用（也叫数据分析与挖掘）。为了完成这4项任务，需要计算机的不同结构提供支持。

在IT（互联网）硬件方面，数据生成、数据存储、数据处理需要计算机结构中的采集设备、存储设备、服务器提供支持。在基础软件方面，数据存储、数据处理需要计算机结构中的数据库软件系统、分布式系统提供支持。在应用软件方面，数据生成、数据存储需要计算机结构中的采集、监测软件提供支持；数据处理、数据应用需要计算机结构中的智能搜索与分析软件提供支持。在信息服务方面，数据生成、数据存储、数据处理需要计算机结构中的集成系统、IT基础设施服务提供支持；数据应用需要计算机结构中的咨询设施服务提供支持；数据生成、数据存储、数据处理、数据应用需要计算机结构中的信息安全保障系统提供支持。

在计算机结构的支持下，大数据的4项关键技术得以有效开展，为海量数据的数据生成、数据存储、数据处理和数据应用提供支持。四项关键技术总结如表2-2所示，下文将针对每项关键技术进行详细阐述。

表2-2 大数据的四项关键技术

关键技术	具体内容
大数据预处理技术	①数据采集；②数据存取；③基础架构支持；④计算结果展现
大数据存储技术	①存储基础设施应保证存储数据的持久性和可靠性； ②提供可伸缩的访问接口供用户查询和分析海量数据； ③对于结构化和非结构化数据提供高效的查询、统计、更新等操作
大数据分析技术	①数据处理；②数据挖掘；③统计和分析；④模型预测
大数据计算技术	①能够高效处理非结构化和半结构化数据； ②在不同的数据类型中进行交叉计算； ③针对大容量、静态的数据集进行批处理计算； ④针对随时进入的数据进行流处理计算

1. 大数据预处理技术

大数据预处理技术包括数据采集、数据存取、基础架构支持与计算结果展现四项内容。

（1）数据采集

数据采集被广泛应用于互联网及分布式领域。抽取—转换—装载（Extract-Transform-Load,ETL）技术是较为常用的技术，是指通过某种装置（如摄像头、麦克风），将数据从来源端通过抽取（Extract）、转换（Transform）与装载（Load）至目的端的过程。

（2）数据存取

常采用关系型数据库，如结构化查询语言（SQL）对数据进行存储。

（3）基础架构支持

采用云存储、分布式文件系统等来支持大数据的存入、取出及其他计算工作。

（4）计算结果展现

运用云计算、标签云（关键词的视觉化描述，用来汇总用户生成的标签）、关系图等对大数据的计算结果进行形象展示，以便用户决策应用。

2.大数据存储技术

大数据存储技术是指通过基本信息的查找，依照某种格式，将数据记录和存储在计算机外部存储介质和内部存储介质上。大数据存储技术主要应用对象是临时文件在加工过程中形成的数据流，该项技术需要根据相关信息特征进行命名，通过数据流的形式同步呈现静态数据特征和动态数据特征。

大数据存储技术须同时满足3点要求：存储基础设施应保证存储数据的持久性和可靠性；提供可伸缩的访问接口供用户查询和分析海量数据；对于结构化和非结构化数据提供高效的查询、统计、更新等操作。

3.大数据分析技术

大数据分析技术是应对大数据结构复杂性的关键技术，用于处理数据构成中传统数据库管理系统难以处理的非结构化数据，主要包括以下4个方面。

①数据处理：主要采用自然语言处理技术、多媒体内容识别技术、图文转换技术和地理信息技术等来处理各种数据。

②数据挖掘：常采用诸如关联规则分析、分类与聚类分析、智能优化算法等挖掘各种数据。

③统计和分析：包括应用文本情感分析、语义分析、地域占比等技术来实施统计和分析。

④模型预测：采用各类预测模型、机器学习模型、建模仿真工具及模式识别技术等进行模型预测。

4. 大数据计算技术

目前采集到的大数据 85% 以上是非结构化和半结构化数据。与大数据分析技术类似，大数据计算技术也是针对不能处理非结构化和半结构化数据的传统关系型数据库提出的创新计算技术。如何能够在不同的数据类型中进行交叉计算，是大数据计算技术要解决的核心问题。

大数据计算技术可分为批处理计算和流处理计算。批处理计算主要操作大容量、静态的数据集，并在计算过程完成后返回结果，适用于需要计算全部数据后才能完成的计算工作；而流处理计算无须对整个数据集执行操作，只对通过传输的每个数据项执行操作，对随时进入的数据进行计算，处理结果立刻可用，并会随着新数据的抵达继续更新结果。

二、云计算技术

（一）云计算的特点

一个标准的云计算需要具备 5 个基本特征，分别是按需自助服务、广泛的网络访问形式、资源池化、快速可伸缩性和可度量的服务，这 5 个基本特征的具体描述如下。

1. 按需自助服务

云计算具有快速提供资源和服务的能力，用户可以根据自身实际需求，通过网络方便地进行计算能力的申请、配置和调用，而不需要与服务供应商进行人工交互，便可获得更加快捷、高效的体验。同时，服务供应商也可以及时进行资源的分配和回收。

2. 广泛的网络访问形式

用户不需要部署相关的复杂硬件设施和应用软件，也不需要了解所使用资源的物理位置和配置等信息，可以直接通过多种多样的客户端（如移动电话、笔记本电脑、平板电脑和工作站等），以统一标准的机制 [如相同的应用程序接口（API）、浏览器等] 访问，获取云中的计算资源。

3. 资源池化

服务供应商的计算资源被集中起来，以多租户模式将不同的物理和虚拟资源动态分配多个用户。用户一般不需要了解所使用资源的确切地理位置，但在需要的时候用户可以指定资源的位置。

4. 快速可伸缩性

资源和服务可以被迅速、弹性地提供和释放。对用户来说，资源和服务可以是无限的，可以在任何时间占用任意数量的资源，并按资源的使用量计费。对服务供应商来说，可以快速地添加新设备到资源池中，满足不断增长的需求。

5. 可度量的服务

系统可以根据服务类型提供相应的计量方式，还可以监测、控制和管理资源使用过程，从而优化资源的使用效率。

与传统计算系统相比，云计算与传统计算系统的区别如表 2-3 所示。

此外，云计算还具有以下优势。

（1）具有大规模并行计算能力

云计算不限于本地计算机的运算和存储能力，可基于云端强大而廉价的计算能力，为大粒度应用提供传统计算系统或用户终端无法完成的计算服务。

（2）虚拟化

虚拟化体现在资源虚拟化和应用虚拟化，包括虚拟的服务器、虚拟的网络配置和作为服务的管理系统，每一个应用部署的扩展、迁移、备份等操作都通过虚拟平台进行管理。

（3）高性价比

云计算的服务器能够兼容不同的型号和规格，用户可以使用廉价的服务器组成云，共享存储空间，以减少成本和费用的支出。

（4）高可靠性

云计算基于网络托管的文件存储、数据库，应用了数据多副本备份、计算结点同构可互换等措施保证了高可靠性，单点服务器出现故障也可以通过虚拟化技术将分布在不同物理服务器上面的应用进行恢复或利用动态扩展功能部署新的服务器进行计算。

（5）通用性

云计算不针对特定的应用程序，同一个云可以支持多个互联网应用程序运行。

表 2-3 云计算与传统计算系统的区别

	传统计算系统	云计算
客户端	具有有限运算、存储功能的本地计算机等设备	具有网络接入和必要处理能力的多种网络设备
基础设施	物理服务器、物理网络配置、本地的管理系统	虚拟服务器、虚拟网络配置、作为服务的管理系统
存储	本地物理磁盘	共享分配的存储空间
平台	本地文件存储、数据库和应用程序运行平台	网络托管的文件存储、数据库和应用程序运行平台
应用程序	本地计算机运行的应用程序	丰富的互联网应用程序

（二）云计算的服务与部署模式

1. 云计算的概念模型

从以上云计算的定义可知，云计算包含了多层含义，其业务实现的概念模型具备以下几个层次的特点。

①用户的公共性。云计算面向各类用户，包括企业、政府部门、学术机构、个人等最终用户，也面向应用软件、中间平台等"用户"。这是由云计算提供不同层次的服务决定的。

②设备的多样性。云计算用于提供服务的设备是多样的，既包括各种规模的主机、服务器、存储设备，也包括各种类型的终端设备，如智能手机、计算机、各种智能传感器等。

③商业模式的服务性。云计算以服务的方式提供设备和应用，它的服务特性体现在简化和标准的服务接口以及按需计费的商业模式两个方面。

④提供方式的灵活性。云计算既可以作为一种公用设施，提供社会服务，即"公有云"，也可以作为企业信息化的集中计算平台，提供私有服务，即"私有云"。

总结来讲，就是虚拟化的资源形成云，通过其提供的服务接口采用按需计费的模式为互联网上的各类用户提供服务，而用户在任何地点，使用任何终端接入互联网即可享有云提供的服务。

2. 云计算的3种核心服务模式

云计算作为一种资源分配和获取方式，其提供的资源按照系统层次的不同，可以分为基础设施层、平台层及应用层。与此对应的3种核心服务模式包括：基础设施即服务（IaaS）、平台即服务（PaaS）和软件即服务（SaaS）。

（1）基础设施即服务

IaaS位于最底层（基础设施层），为用户按需提供实体或虚拟的计算、存储和网络资源的服务。为了优化硬件资源的分配，IaaS引用虚拟技术，借助虚拟化工具，提供可靠性高、可定制性强、规模可扩展的IaaS服务。亚马逊作为目前最大的IaaS服务提供商之一，其Amazon EC2通过自身强大的数据中心为用户提供一定级别的高可用性保障服务。

（2）平台即服务

PaaS位于中间层（平台层），是云计算应用程序的运行环境，提供应用程序部署与管理服务。应用程序开发者通过PaaS的软件工具和开发语言，不必关心底层的网络、存储、操作系统的管理问题，可以将更多的精力投入业务软件的开发中。谷歌应用引擎（Google App Engine）、分布式系统基础架构（Microsoft Azure 和 Hadoop）等都是互联网上比较典型的 PaaS。

（3）软件即服务

SaaS 位于最顶层（应用层），是基于云计算基础平台所开发的应用程序，为企业和需要软件应用的用户提供基于互联网的软件应用服务和用户交互接口等。对于普通用户来讲，SaaS 服务将桌面应用程序迁移到互联网，可实现应用程序的泛在访问。对于企业来讲，可以通过租用 SaaS 服务解决企业信息化问题。例如，企业通过谷歌邮箱建立属于该企业的电子邮件服务。该服务托管于 Google 的数据中心，企业无须维护任何基础架构或软件运行环境。

除了 3 种核心服务层外，云计算的服务管理层对核心服务层的可用性、可靠性和安全性提供了保障。服务管理层包括服务质量保证、安全管理等。

3. 云计算的部署模式

云计算分为 4 种部署模式，分别为公有云、私有云、社区云和混合云。

每种云计算的部署模式各有特点。

①公有云：云基础设施被一个销售云计算服务的组织所拥有，该组织将云计算服务销售给社会大众或公共群体，如亚马逊云平台等。公有云一般规模较大、规模共享经济性较好，但公有云的安全性较低，且可用性不受使用者控制。

②私有云：云基础设施被某个企业或组织拥有或租用。如政府机关、企事业单位、学校等内部使用的云平台。私有云可提供对数据、安全性和服务质量的最有效控制。

③社区云：云基础设施被多个组织共享，并服务于在政策、安全、任务和准则等方面有共同特征的社区。

④混合云：云基础设施由两种或两种以上的云形式组成。同单独的公有云、私有云或社区云相比，虽然混合云可以让业务系统在多云环境中进行灵活迁移，具有更大的灵活性和可扩展性，但不同的云平台之间数据和应用程序的互通和整合也是一个不小的挑战。

第三节　人工智能与区块链技术

一、人工智能技术

（一）人工智能概念与特点

人工智能也被称为机器智能，是指由人制造出来的机器所表现出来的智能。通常人工智能是指通过普通计算机程序实现的类人智能技术。

从其本质来讲，人工智能是指能够模拟人类智能活动的智能机器或智能系统，研究领域非常广泛，从数据挖掘、智能识别到机器学习、人工智能平台等，其中许多技术已经应用到经济生活之中。

从人工智能的技术特点来看，其技术创新发展主要分为模仿人脑的技术创新和实现智能功能的技术创新。模仿人脑的技术创新，由于在各个时代受到数据、硬件、运算能力等种种限制，虽然在图像、语音、自然语言处理（NLP）等领域都取得了领先成果，但其所需的训练成本、调参复杂度等问题仍备受诟病。实现智能功能的技术创新，是一种建立在统计基础上的、以实现人类智能功能为目的的浅层学习算法，在20世纪八九十年代，这种技术便已经在统计分类、回归分析以及脸部识别和检测等方面得到了广泛应用，且具有良好表现，成为人们最青睐的人工智能发展路径。

技术层面上，人工智能被分为"弱人工智能""强人工智能"和"超人工智能"。"弱人工智能"也被称为"限制领域人工智能"或"应用型人工智能"，一般专注于且只能解决特定领域的问题，通过"无监督学习""监督学习"和"强化学习"等浅层学习形成。"强人工智能"是一种可以胜任人类所有工作的人工智能，也叫"通用人工智能"或"完全人工智能"，人们一般认为深度学习是通向"强人工智能"的钥匙。与浅层学习不同，深度学习使用了更多的参数，模型也更复杂，从而使得模型对数据的理解更加深入、更加智能。除此之外，还有一种存在于人们想象中的"超人工智能"，它可以比世界上最聪明、最有天赋的人类还聪明。迄今为止，所有人工智能算法和应用，都还属于"弱人工智能"范畴。由于其采用了完全不同于人脑的作用机制，且仅能够在部分功能上模仿人脑，其在技术上具有人工操作性、功能限制性等特点，是一种非自主性、非系统性的人工智能。

人工智能的实现，不仅要靠机器学习，还要有作为"基础设施"的硬件和大数据，以及作为"学习结果"的各种计算机技术，包括计算机视觉技术、语音技术、自然语言处理技术、规划决策系统和统计分析技术等，最后才能到达最顶层的实际应用，即行业解决方案。目前应用比较成熟的领域包括金融、安全消防、交通、医疗、游戏等。

从人工智能的行业解决方案的应用特点来看，人工智能有以下特征。

首先，人工智能是一种通用技术，具有基础设施的外溢性特征。作为推动第四次工业革命的通用技术，人工智能具有溢出带动性很强的"头雁"效应。当前，全球主要经济大国均把人工智能视为赢得国家科技竞争力的重要抓手，投入大量资金用于人工智能研发。

其次，人工智能将深刻改变传统生产方式，对劳动或资本都可能产生偏向的替代性。据估计，2030 年对人工智能和自动化等领域的技术投资将在全球增加2000 万 ~ 5000 万个职位；人工智能在未来对我国就业的净影响可能将创造 12%的净增岗位，相当于增加 9000 万个就业岗位。

最后，人工智能在不同产业的应用前景并不相同，所催生的新业态和新模式将推动产业结构转型升级。在移动互联网、大数据、超级计算、传感网、脑科学等新理论和新技术的驱动下，当前人工智能已经呈现出深度学习、跨界融合、人机协同、群智开放、自主操控等新特征。人工智能在金融、医疗、汽车、零售、高端制造等领域都有广阔的应用前景。

（二）人工智能系统的关键技术架构

1. 计算机视觉

人们对世界的认识有 91% 通过视觉来实现。同样，计算机视觉的最终目标就是让计算机能够像人一样通过视觉来认识和了解世界。它主要是通过算法对图像进行识别分析。目前计算机视觉最广泛的应用是人脸识别和图像识别。表 2-4 介绍了一些计算机视觉系统可以实现的功能，以及实现这些功能所需要的方法。其中，在图像分类领域，深度学习使得一些算法可以实现实时检测并得出结果。语义分割指识别图像中存在的内容以及位置，例如识别图片中的人、摩托、汽车及路灯等，需要对密集的像素进行判别。

表 2-4　计算机视觉系统的功能与方法

功能	方法
图像分类	特征提取、深度学习
目标跟踪	滤波、检测与跟踪相结合
语义分割	通过滑动的窗口进行分类预测

2. 机器学习

机器学习的基本思想是通过计算机对数据的学习来提升自身性能的算法。机器学习中需要解决的最重要的四类问题是预测、聚类、分类和降维。机器学习按照学习方法分类可分为：监督学习、无监督学习、半监督学习。表 2-5 对这 3 种类别做出了介绍。其中监督学习和无监督学习应用较为广泛，半监督学习较为理想化，在实践中应用不多。

表 2-5　基于学习方法进行分类的机器学习

类别	简介	典型方法
监督学习	用打好标签的数据训练、预测新数据的类型或值。根据预测结果的不同可以分为两类：分类和回归	支持向量机（SVM）、线性判别分析
无监督学习	将数据根据不同的特征在没有标签的情况下进行分类，主要体现在聚类上	k 均值聚类算法、主成分分析
半监督学习	学习过程中有标签数据和无标签数据相互混合使用。一般情况下无标签数据比有标签数据要多得多	自训练算法、基于图的半监督算法、半监督支持向量机（S3VM）

3. 自然语言处理

NLP 是指计算机拥有识别理解人类文本语言的能力，是计算机科学与人类语言学的交叉学科。自然语言是人与动物之间的最大区别，人类的思维建立在语言之上，所以自然语言处理也就代表了人工智能的最终目标。机器若想实现真正的智能，自然语言处理是必不可少的一环。

自然语言处理分为句法语义分析、信息抽取、文本挖掘、机器翻译、问答系统和对话系统等方向。表 2-6 为自然语言处理的细分方向与其对应功能。

表 2-6 自然语言处理的细分方向与其对应功能

细分方向	功能
句法语义分析	对于给定的语言提取词进行词性和词义分析，然后分析句子的句法、语义角色
信息抽取	从给定的一段文字中抽取时间、地点和人物等主要信息，以及辨别因果关系等句子关系
文本挖掘	对大量的文档提供自动索引功能，通过关键词或其他有用信息的输入，自动检索出需要的文档信息
机器翻译	输入源文字并自动将源文字翻译为另一种语言，根据媒介的不同可以分为很多的细类，如文本翻译、图形翻译及手语翻译等
问答系统	提出一个文字表达的问题，计算机可以给出准确的答案，过程中需要对问题进行句法语义分析，然后在资料库中找出对应答案
对话系统	计算机可以联系上下文跟用户聊天，针对不同的用户采用不同的回复方式

4. 语音识别

现在人类对机器的运用已经到了一种极度熟练的状态，所以，人们对于机器运用的便捷化也有了依赖。采用语言支配机器的方式是一种十分便捷的形式。

语音识别技术是将人类的语音转换为一种机器可以理解的语言，或者转换为自然语言的一种过程。人类的声音信号经过话筒接收以后，转变成为电信号并作为语音识别系统的输入信号，然后系统对输入信号进行处理，再进行特征抽取，提取特征参数，从而提取出特征。将特征与原有数据库进行比较，最终输出识别出的语言结果。

语音识别的难点主要集中在噪声处理、鲁棒性和语音模型上。在输入语音时总是出现各种各样的噪声，提高对噪声的处理水平是提高识别准确率的重要一环。在鲁棒性方面，现有的语音识别系统对环境的依赖性偏高，在不同环境中识别的准确性可能会有较大差别。语音模型的优化也是一个重要问题，语言的复杂性毋庸置疑，语义、情绪及语速等都会影响语音的真实意义，所以，优化语音模型的基础就是采集大量的数据。

二、区块链技术

区块链是以比特币为代表的数字加密货币体系的核心支撑技术。随着比特币近年来的快速发展与普及，区块链技术的研究与应用也呈现出爆发式增长态势，被认为是继大型机、个人电脑、互联网、移动 / 社交网络之后计算范式的第五次颠覆式创新。在任何缺乏信任的生产生活领域，区块链技术都将有用武之地。从数字货币到证券、金融合约、医疗、游戏、人工智能、智能合约、物联网、身份验证、资产交易、电子商务、社交通信、文件储存等领域，区块链技术都可以进行广泛应用。

（一）区块链的特征

从概念上来说，区块链是一种去中心化基础架构与分布式计算范式，拥有分布式、去中心化、去信任化的存储技术，具有去中心化、开放性、自治性、信息不可篡改、匿名性等特征。

①去中心化：由于使用分布式核算和存储，不存在中心化的硬件或管理机构，系统中的数据块由整个系统中具有维护功能的节点来共同维护，各个节点实现了信息自我验证、传递和管理，是区块链最突出、最本质的特征。

②开放性：区块链技术基础是开源的，除了交易各方的私有信息被加密外，区块链的数据对所有人公开，任何人都可以通过公开的接口查询区块链数据和开发相关应用，因此，整个系统信息高度透明。

③自治性：区块链采用基于协商一致的规范和协议（如一套公开透明的算法），使得整个系统不依赖第三方，所有节点能够在去信任的环境自由安全地交换数据，不需要任何人为的干预。

④信息不可篡改：一旦信息经过验证并添加至区块链，就会永久存储起来，除非能够同时控制住系统中超过 51% 的节点，否则单个节点上对数据库的修改是无效的，这使得区块链本身变得相对安全，避免了主观人为的数据变更。

⑤匿名性：由于节点之间的交换遵循固定的算法，其数据交互是无须信任的，各区块链节点的身份信息不需要公开或验证。

（二）区块链的基础架构与核心技术

一般来说，区块链系统由数据层、网络层、共识层、激励层、合约层和应用层组成。数据层封装了底层数据区块、非对称加密和时间戳等技术；网络层则包括了分布式组网机制、数据传播机制和数据验证机制；共识层主要封装网络节点的各类共识机制；激励层将经济因素集成到区块链技术体系中来，主要包括经济激励的发行机制和分配机制；合约层主要封装各类脚本代码、算法机制和智能合约，是区块链可编程特性的基础；应用层则封装了区块链的各种应用场景。基于时间戳的链式区块结构、分布式节点的共识机制、基于共识算力的经济激励和灵活可编程的智能合约是区块链技术最具代表性的创新点。

区块链的核心技术主要包括分布式存储、非对称加密、共识机制和智能合约等。

1.分布式存储

分布式存储是指区块链数据的物理存储形式。和集中式系统不同，区块链是通过构建分布式的存储体系和开源协议，让网络中所有的区块链节点参与数据的存储和验证。每个区块链节点都有各自独立的、完整的数据存储空间，从而极大地提高了数据存储的可靠性。

2.非对称加密

非对称加密指存储在区块链上的交易信息是公开的，但是账户身份信息是高度加密的，只有在数据拥有者授权的情况下才能访问，从而保证了数据和交易的安全以及用户的隐私。

3.共识机制

共识是指多方参与的节点在预设规则下，通过多个节点交互，对某些数据、行为或流程达成一致的过程。而共识机制是所有记账节点认定一个记录有效性的手段，也是防止篡改记录的手段。区块链中常见的共识机制包括工作量证明（PoW）、权益证明（PoS）、股份授权证明（DPoS）、实用拜占庭容错（PBFT）等。

4.智能合约

智能合约是基于这些可信的、不可篡改的数据，可以自动化地执行一些预先定义好的规则和条款。智能合约的引入极大地拓展了区块链的应用前景，它可以嵌入区块链中永久保存。当满足条件时，这些智能合约将被自动执行，从而可以在没有第三方的情况下可靠地进行预先定义的合同协议。

第四节　智慧供应链的系统特征及运行管理机制

一、智慧供应链的系统特征及运行机制

（一）智慧供应链的系统特征

随着智慧供应链系统的快速发展，其表现出了许多关键特征，总体上可分为以下 3 个方面。

1.智慧供应链的系统技术特征

一是数据驱动。智慧供应链的系统中，大数据平台是整个系统的大脑，是智慧供应链的关键所在。通过大数据技术的挖掘与处理，可以实现基于消费者数据支持前端的研发和生产，有效地节省物流和供应链的反应时间，节约成本。以大数据驱动决策与执行，为智慧供应链的系统赋能。

二是互联互通。智慧供应链的系统中的所有要素在物联网平台上实现互联互通，不仅包括供应链上所有节点企业的信息实现交互连接，还包括所有货物的全面多渠道连接。一切业务数字化，利于供应链上的节点企业有效互动。

三是智能操作与实时控制。通过大数据的信息挖掘和信息赋能，以及人工智能技术的应用，实现机器学习，在不需要人工干预的情况下，就可以基于实际情况，做出相应的决策。通过云计算处理实时共享信息，以获得相应的权限，从

而应对异常情况的发生，避免产生一些损失。

四是高度可视性。智慧供应链的系统可见性不仅取决于信息的可用性，还取决于共享数据的准确性、及时性、有用性。使用物联网和传感器等技术可以有效地支持从远程位置实时监视、控制、规划和优化智慧供应链的系统动态操作。

2. 智慧供应链的系统组织特征

一是深度协同。跨集团、跨企业、跨组织之间的深度协同，能够有效减轻信息不对称带来的影响；基于智慧供应链的系统全局优化的智能算法，能够调动整个物流系统中各参与方高效分工与合作。智慧供应链上各节点企业基于互联网平台主动形成供应链联盟以快速响应市场的剧烈变化，同时满足顾客的个性化需求，提高智慧供应链的系统整体竞争力。

二是去中心化。在智慧供应链的系统网络结构中，供需运作不再围绕一个或几个核心企业或环节，各节点之间可以对资源进行有效重组来满足用户需求。因此，去中心化发展越来越成为智慧供应链的系统建设方向，有助于实现各项资源的充分整合，提高智慧供应链的灵活性和柔性。

3. 智慧供应链的系统创新特征

一是自主决策、学习提升。区块链、云计算与人工智能技术的应用有助于构建物流和供应链"大脑"，帮助组织在感知中决策、在执行中学习、在学习中优化、在智慧供应链的实际运作中不断升级。智慧供应链能够实现自主决策，也能够有效推动企业向着程控化和自动化方向发展。

二是场景创新、模式创新。智慧供应链的创新就是要处理好场景的竞争，包括从电子商店到移动商店，再到云商店的场景转变。未来的供应链创新将依托场景进行服务，针对消费者在不同时空的需求强化场景体验是未来供应链商业模式创新的方向。

（二）智慧供应链的运行机制

一般来说，智慧供应链的运行机制可以从底层支撑、中层运作、上层控制3个层面体现。

　　首先，底层的技术和设备是智慧供应链运行的基础要素。在货物运输、仓储、配送、信息服务等环节中，通过系统感知、全面分析、及时处理及自我调整等功能实现有效控制。利用人工智能、大数据、云计算、传感等技术让货物在整个生态链实现自动化、可控化、信息化和网络化，在流通过程中获取信息从而分析信息并做出决策，使货物从源头开始被实施跟踪与管理。智慧供应链上各系统间的协调配合实现了企业内部资源和外部资源的整合。通过 ERP 系统、订单管理系统（OMS）、WMS、TMS 把企业的人、财、物，产、供、销，相应的物流、信息流、资金流、管理流、增值流等紧密地集成起来，实现资源优化和共享。

　　其次，中层的流程运作是智慧供应链运行的关键要素。其包括了从供应商到消费者整个供应链上的各个环节，主要由智慧采购、柔性生产、智能仓储、精准营销和智慧物流组成。智慧采购是通过大数据平台对消费者数据进行精准预测，真正实现按需采购、降低库存。消费者提出需求，通过互联网将数据直接发送至生产商，智慧供应链平台协调各参与者进行柔性生产，满足消费者个性化需求。根据消费者画像进行分类，针对不同类型的消费者在各自适合的渠道推广个性化营销内容，实现精准营销。智慧物流是联结新零售模式线上线下的重要纽带，其效率由数据驱动，实现物流要素（货）数据化和地理信息（场）数据化，大大缩短人与货、人与场之间的距离，提升消费者的物流体验。

　　最后，上层的决策控制是智慧供应链运行的决定要素。其包括资源智能调配、全局实时监控、风险自动感知以及供应链中台精准控制，在这个过程中离不开大数据、云端和算法上的整体改善和优化，也离不开供应链节点企业的深度协同和信息共享。资源智能调配离不开精确预测与计划以及供应链协同，高效的供应链依赖于对原材料、产品和车队的快速、准确、有效的跟踪。全局实时监控是在运用物联网技术的基础上实现智慧供应链运作的可视化管理，同时人工智能可以感知智慧供应链系统潜在的风险，在优化中学习、在学习中优化。供应链中台以消费者驱动整个网络，通过协作和共享，以及算法和机器学习的使用，实时抓取供应链的运行状态，实现自主控制、自动作业，制定更好和更专业的决策。

二、智慧供应链的组织管理机制分析

（一）组织管理机制的内涵与特征

1.组织管理机制的内涵

所谓的组织管理机制，是指复杂系统组成要素间在系统外环境作用下相互联系、相互作用所产生的促进、维持、制约系统发挥功能的运作机理和控制方式。而一个企业的组织管理机制，是由企业的发展历程、业务特点、发展战略、文化背景、管理风格等共同决定的。

组织管理机制既是一整套管理工作的运行模式，又是组织管理创新的重要保障。组织管理机制决定了企业的运作机理和管理模式，进而影响了组织的发展和智慧供应链的创新。一方面，为了实现客户多样化需求的及时响应，各节点企业需要建立扁平化、柔性化的企业组织架构，但目前大部分企业的组织管理机制相对固化，即使有智能技术作支撑，也难以顺应企业发展所面临的动态环境，这样就会降低企业在智慧供应链创新背景下管理效率的提升。另一方面，如今企业之间的竞争已不再是单个企业之间的竞争，而是供应链之间的竞争，这就需要企业与上下游合作伙伴共同打造协同共享的组织管理机制，因此，如何构建保持供应链竞争优势的组织管理机制成为企业当前的重要课题。

2.组织管理机制的特征

组织管理机制在发展过程中表现出以下几个方面的特征。

首先，智能化。智慧技术的不断开发与完善，不断颠覆着企业的组织结构和模式。如今的组织管理将数据视为资产，通过分析来自企业内外部等多方面的数据，为企业的决策提供多方面参考。通过集成先进的信息技术，运用科学的管理决策理论与方法组织运营，可以做到"鱼与熊掌兼得"，即在降低管理成本的同时，提高服务质量、实现精准的决策与优化。

其次，柔性化。在复杂和多变的市场环境中，信息的传递速度和决策反应能力决定了企业对商机的把握和利用能力。同时，良好的沟通协调机制，也是员工自我学习、创新的基础。通用电气公司（GE）历史上曾经有过一次重大的组织机构调整，由原来的金字塔型组织管理模式调整为扁平化的组织管理模式，压缩管理层级，缩短市场信息到决策者之间的距离，提高快速反应能力，彻底改变了 GE 机构臃肿、反应迟钝等问题。

最后，网络化。近年来，网络组织在企业实践中表现出了强大的生命力和不断发展的势头，企业的组织结构也由过去的垂直型或水平型转向网络型。网络组织可以通过促进网络中各节点企业的跨组织合作以整合各项资源，提高组织的灵活性和柔性。网络组织能够适应高度复杂的环境，可以根据市场需求的变动情况对各个价值链部分随时进行有效调节，因此，网络组织也是未来组织创新将要采取的重要形式。

（二）智慧供应链的组织管理机制

智慧供应链的组织管理机制的基本模式和特点是由智慧供应链的关键特征和管理的四项基本职能决定的。

首先，智慧供应链的关键特征体现在智慧、技术、管理和组织 4 个方面。智慧供应链的智慧特征体现在可视化、可感知和可调节上。自动识别与控制让供应链更快速，全程跟踪与追溯让供应链更安全，实时应对与处理让供应链更高效，智能决策与应用让供应链更精准。智慧供应链的技术特征体现在智能技术和供应链的高度融合上，从自动识别、数据挖掘，到万物互联，再到智能决策，智慧供应链运行具有前瞻性和敏感性。智慧供应链的管理特征体现在智慧供应链的柔性化管理和快速响应上，围绕核心企业对上下游企业进行统一管理，形成一个系统的"供应网"，在企业外部实现关键信息的快速交换，以提高整个供应链的工作效率。智慧供应链的组织特征体现在供应链多主体的合作以及供应链上下游的协同。组织层面的协同即供应链中更加明确的分工和责任，业务流程层面的协同即流程的整合重组，信息层面的协同即实现运营数据、市场数据的实时共享和交流。

其次，考虑管理的四项基本职能：计划、组织、执行、控制。在制订智慧供应链计划前充分掌握智慧供应链管理的驱动因素，保证计划精确全面、不脱离实际；在智慧供应链管理过程中，组织职能要求供应链上目标、资源和需求的相互协调，保证供应链的执行活动有条不紊地进行，并与计划保持一致；控制是对智慧供应链活动所引发的风险采取积极措施，因此，智慧供应链风险的识别与控制显得尤为重要。

在此基础上，智慧供应链的组织管理机制包括动力机制、运行机制、协调机制和风险机制 4 个方面。

动力机制方面，智慧供应链内部动力因素、外部动力因素以及创新技术的发展和应用 3 个方面构成了智慧供应链组织管理机制的驱动力，为组织管理的计划提供了方向和内容。一是内部动力因素方面，组织内部面临着供应链智慧化程度不断提高、非核心服务运作成本逐渐提高、企业的利润率不断下降的问题，因此，越来越多的企业选择与上下游合作伙伴共同打造智慧供应链多主体协同运作管理机制。二是外部动力因素方面，市场多元化及外部竞争的加剧对企业产品附加值和运营效率的提高提出了新的要求。三是创新技术的发展和应用方面，如5G、区块链等新兴技术的落地，以及大数据、物联网、机器学习等智能技术的深度挖掘，使得智慧供应链向着可视化、可感知、可调节的方向发展。

运行机制方面，体现在分布式协同组织协调机制、供应链柔性运行机制、智慧供应链系统的演化发展 3 个层面。目前的大多数企业采用的是基于供应链订单全流程模式下的运行机制，即企业为了维护供应链的平稳运行，以订单为中心建立配套的保障及支撑体系，在订单运作时供应链的内外部均处于不断变化的过程中，这就要求组织必须具备较强的学习能力以适应快速变化的形势与环境。然而，随着环境的变化以及顾客需求不确定性的加剧，越来越多的企业开始以顾客需求为中心，在智慧供应链的基础上强调柔性化运行和快速响应。供应链柔性是供应链中各节点企业根据市场环境及时做出响应的能力。一方面，供应链柔性的动态性、多维性能够有效解决供应链内部供给端的不确定、需求端需求量的不确定和中间层运输成本的不确定问题。另一方面，供应链柔性的时效性和鲁棒性能够在企业受到内外部环境因素冲击时，维持网络结构的稳定，帮助节点企业提高市场需求的响应速度和供应链功能重构能力，调整组织架构。

协调机制方面，作为智慧供应链组织管理机制的连接点，体现在供应链的跨组织协作、网络组织和治理机制3个层面。第一，对智慧供应链运作过程中的适应性和快速重构能力的要求使得供应链上的节点企业基于互联网平台主动形成供应链联盟，以实现源头上的成本管控和生产效率的提高，智慧供应链越来越呈现出跨组织协作的特点。第二，网络组织可以通过促进网络中各节点企业的跨组织合作以整合各项资源，提高供应链的灵活性和柔性。网络组织能够适应高度复杂的环境，可以根据市场需求的变动情况对各个价值链部分随时进行有效调节，因此，也是未来智慧供应链组织管理将要采取的重要形式。第三，治理机制作为调节性因素，能够对智慧供应链的组织管理机制产生一定的影响，灵活的治理机制能够针对智慧供应链上的资源和冲突进行有效协调，对提高企业智慧供应链创新效率有积极的影响。

风险机制方面，对于智慧供应链风险的识别、控制、规避与转移是组织在管理过程中实施控制的前提。第一，智慧供应链的风险识别是风险管理的第一步，因此，企业选择科学的供应链风险识别方法是供应链创新风险管理的首要问题。第二，风险控制是智慧供应链创新风险管理中最为重要的环节。供应链上各节点企业可以针对供应链现状和外部环境，将风险发生的可能性和风险影响程度作为两个维度建立风险评估模型，从而对供应链的风险管理进行持续性监控与改进。因为风险与收益一般呈现正向相关关系，所以，智慧供应链创新的风险控制不仅要考虑风险本身，还要考虑供应链上企业的风险偏好与风险承受度。第三，风险规避与转移也是智慧供应链管理的重要内容，供应链上合作伙伴为提高供应链稳定性，多采用风险分担的方法合理分担供应链上可能发生的风险，以应对激烈的竞争环境以及波动的市场需求问题。

以上智慧供应链的组织管理机制中的4个方面之间呈紧密的闭环关系。其中动力机制作用于协调机制和运行机制；协调机制也作用于运行机制；风险机制与协调机制、运行机制之间相互作用。

第五节　智慧供应链的创新与风险机制

一、智慧供应链的创新

（一）智慧供应链创新的基本要素

1. 智慧供应链创新的技术要素

现阶段，智慧供应链创新的代表性技术包括感知技术、大数据技术、物联网技术、人工智能技术、区块链技术等，从感知、获取，到集成，再到决策。

第一，感知技术。目前，感知技术中应用范围最广的便是自动识别技术和车辆定位技术。首先，自动识别技术的应用使得产品的生产过程在识别码的监控下进行。当产品入库时，读取标签就能够完成产品的交接入库，同时在数据库中保存产品的相关信息，便于库存的管理。采用自动识别技术后，计算机能够准确记录产品的库存信息，使库房的信息能够及时更新，提高库存工作的效率以及准确性，降低库存成本，快速响应市场。在运输环节中，利用扫描器读取货物的条码或加载电子标签后，不同货物就能够准确地分拣到特定的运输工具上。其次，车辆定位技术可以有效地对车辆进行实时监控，监督驾驶员的驾驶行为、实时跟踪货物位置及货物信息状态，并为生产决策提供帮助。

第二，大数据技术。在采购环节，应用大数据技术能够有效改善订单流程。以 IBM 公司为例，IBM 公司在采购流程中利用大数据分析法来管理订单流程：一个是订单到现金环节，处理生产与运行在内的订单；另一个是采购到付款环节，包括向供应商采购及付款，并进一步改善采购流程。此外，大数据技术的应用还能够实现供应链的标准化与统一化，如 IBM 公司在全世界各个地区实行统一的订单处理流程，促进了 IBM 公司全球全天候的订单处理，实现了标准化与统一化。在生产制造环节，运用大数据技术可以提高产品质量、生产效率及劳动利用率等。目前，已经有很多企业运用大数据分析法进行库存管理、优化库存量、优化日常维护与设施选址，逐步实现数据分析的实时性与规模化，进入"数字工厂"时代。在销售环节，应用大数据技术精细收集并分析消费者的需求信息，进行市场细分，并预测消费者行为，从而制定符合消费者需求的产品决策。大数据技术对物流的影响体现在三个方面。一是运输路线优化，运用大数据分析法预测货量需求，通过合并路线降低成本、拆分路线提高时效、新建中转站优化成本等进行运输路线优化，从而降低运输成本、缩短客户等待时间、提升车辆装载率。二是考虑物资供需状况、运输条件、自然环境等因素，对配送点的位置、数量、直达线路和中转线路的比例进行智能规划，建立一个有效率的网络系统，达到费用低、服务好、效益高的目的。三是利用大数据分析，实现包裹的可视化，加强物流过程中的监控，降低货损率。

第三，物联网技术。物联网技术的使用使整个智慧供应链和物流创新更加精准、高效、智慧、可控、可知及可视，主要体现在以下几个方面。首先，通过在供应链各个环节运用物联网技术，对每个物品的流动信息进行采集，保证物流的可追溯性，利用互联网实现信息的共享和交换，通过信息平台可以查询这些数据信息，实现供应链的可视化管理。其次，物联网技术的应用实现了供应链上各环节的信息共享，减少了数据采集的失真现象。快速有效的数据流动，可以有效应对客户需求的变化，准确预测市场需求。最后，通过物与物的信息交换，实现自动化控制，减少对人工的依赖、节约成本、减少出错。遇到紧急情况能够实现多系统的联动，提升供应链抵御风险的能力，实现真正意义上的智慧化。

第四，人工智能技术。人工智能技术应用于智慧供应链创新领域，将对仓库选址、库存管理、仓储作业、运输配送和物流数据分析等方面产生重要的影响。智慧供应链运营所产生的数据不仅是海量的，还是实时的，因此，需要人工智能系统对所产生的数据进行实时有效分析，从而帮助企业进行技术上的优化。在采购过程中，将人工智能与统计学相结合进行产品的预测和补货，从而实现智能化、自动化补货；在销售过程中，将运筹学和人工智能结合，建立用于预测价格的模型，结合价格的历史数据，实现动态定价；在配送方面，通过人工智能技术进行运输路线优化，从而降低运输成本。

第五，区块链技术。区块链技术的去中心化、开放性、信息不可篡改、匿名性等特点，使其在智慧供应链创新过程中发挥着越来越重要的作用。如京东推出了区块链防伪追溯平台，通过计步脚环等无线网设备，结合食品溯源技术，将农作物的生长信息进行采集并记录到区块链网络，消费者通过扫描产品包装上的二维码即可了解所购农产品在各环节的信息，在提升消费体验的同时为贫困地区农民增加收入。在数字存证方面，京东区块链数字存证平台可实现可信存证、自动化取证、一键举证、侵权预警等，目前已经应用于电子合同、电子发票、电子证照、电子票据、互联网诉讼、版权保护等场景。

2. 智慧供应链创新的组织要素

在智慧供应链创新过程中，组织要素既决定了企业的运作机理和管理模式，又成了智慧供应链创新的重要保障，是企业在不断重塑和发展过程中的重要竞争力，主要包括：动态协同、动态整合和动态配置。

首先，组织间的动态协同。动态协同是企业在一定的外部环境下内部各部门之间相互作用而产生的整体效应。智慧供应链动态协同的外在动因显而易见，是为了应对竞争加剧和环境动态性强化的局面，其内在动因包括谋求中间组织效应，追求价值链优势，构造竞争优势群和保持核心文化的竞争力。动态协同有 3 层含义：一是组织层面的协同，由"合作—博弈"转变为彼此在供应链中更加明确的分工和责任；二是业务流程层面的协同，"合作—整合"即打破企业界限，围绕满足终端客户需求这一核心，进行流程的整合重组；三是信息层面的协同，通过互联网技术实现供应链伙伴成员间的信息系统集成，运营数据、市场数据的实时共享和交流，从而实现伙伴间更快、更好地协同响应终端客户需求。

其次，组织间的动态整合。动态整合是围绕核心企业，对上下游企业进行统一管理，形成一个系统的"供应网"，从而在企业内部实现信息共享，在企业外部实现关键信息的快速交换，以提高整个供应链的工作效率，最终提高企业管理水平和客户满意度。以丰田汽车公司（简称丰田）为例，其通过设置"小型车""乘用车"以及"商用和休旅车"三大独立的业务模块对内部结构进行调整，并安排专业人员负责每一模块的管理，采用"磨合切磋模式"对整个生产流程进行优化。除此之外，丰田通过模块化管理，对零部件业务进行了重组，提高了企业业务效率，也在日益加剧的竞争局面中脱颖而出。

最后，组织间的动态配置。动态配置表现为开展动态决策和快速变更业务流程。商业模式的复杂性提升了组织对于动态的、柔性的和可适应的组织能力的需求，通过快速地配置资源与动态调整业务流程，供应链上各节点企业可以在需求、存货、生产及物流等方面进行及时交流与沟通。一方面供应商能够及时准确地按照需求进行交货，当客户需求发生变化时能够快速地进行生产调整，减少企业损失。另一方面，智慧供应链的动态配置还能够通过内部业务流程的更改缩短产品的生产时间，更好地满足客户的需求，提升企业的客户服务水平。

3. 智慧供应链创新的运营要素

智慧供应链创新的运营要素可从底层的技术装备、中层的数据互通以及上层的场景生态 3 个方面进行阐述。首先，技术装备需要利用互联网技术和智能技术，实现优化运作。其次，数据互通涉及跨组织的系统整合，以及智慧供应链流程的优化。最后，场景生态是为了提升整个产业网络的竞争力，最终实现产业的可持续和可循环。

底层的技术设备，是实现智慧供应链创新的基础要素。通过应用物联网、大数据、云计算及人工智能等相关信息技术，依托完善的网络信息，构建面向生产企业、流通企业和消费者的社会化共同体系。在货物运输、仓储、配送、信息服务等各个环节中，通过系统感知、全面分析、及时处理及自我调整等功能实现有效控制。利用人工智能、大数据、云计算、传感技术等让货物在整个生态链实现自动化、可控化、信息化和网络化，在流通过程中获取信息，从而分析信息做出决策，使货物从源头开始被跟踪与管理。

中层的数据互通，是实现智慧供应链创新的关键要素。如今的智慧供应链由数据驱动，以数字方式执行，可以提升透明度、支持高级规划、预测需求模式，以及提高资产可用性。同时，智慧供应链将供应商、生产商和客户整合起来，形成端到端的视图。为了充分发挥新供应链的全部潜能，企业需要制定明确的数字供应链战略，形成新的能力，构建扎实的数据基础。供应链的运营从"链式"改造为"网状"，大大加强了企业内外部的互联互通，更进一步保障了企业与供应商、客户之间的连接。

上层的场景生态，是实现智慧供应链创新的决定要素。未来，没有任何一个企业能完全满足用户智慧家庭的所有需求，为此，前瞻性企业正不断纳入生态资源方，共建生态平台，打造从场景到生态的生态链。智慧供应链也将越来越呈现出网络性的状态，即集成所有的产业主体，形成跨部门、跨区域的，与政府、企业、行业协会等广结联盟的，物联网和互联网相融合的产业共同进化的生产体系，既能实现组织的价值生产，又能提升整个产业网络的竞争力，最终实现产业的可持续和可循环发展，这就是组织生态化的过程。

（二）智慧供应链的创新机制

在当下信息互联时代，识别智慧供应链创新的发展模式对企业发展至关重要，它将有助于企业更稳健地推进智慧供应链创新，以期在供应链竞争中取得优势。智慧供应链通过柔性化管理、快速化响应和智慧化协同，在创新的道路上向着以下3种模式不断发展。

首先，跨界融合创新模式。跨界融合是数字经济时代流通产业创新发展的重要趋势，智慧供应链本身便是流通与智能数字技术深度融合改进的产物，用以满足顾客需要的复合型体验。现阶段，消费群体对多元化供应链商业模式的诉求显著增加，倒逼智慧供应链组织探索跨界融合与服务聚合，而数字技术的嵌入加速了这一探索进程，并促使供应链体系衍生出众多新颖业态与创新模式，打破原有框架，营造出多维度、综合性的消费场景，形成跨产业、一体化的流通模式。

其次，服务增值创新模式。智慧供应链创新可以通过对商品状态与流通运行过程的实时监控，深入挖掘消费者衍生需求，并据此提供定制化配套服务，实现商品与流通服务的创新性结合。与此同时，智慧供应链创新可基于对消费者购物体验的重视，将顾客个性化创意适时融入产品设计与流通过程，这种逆向化服务性生产既能通过差异化定制服务满足当前顾客消费意愿，又能通过网络口碑效应吸引更多消费群体、激发潜在市场需求，还能为企业提供产品与配套增值服务创新的思路。

最后，智慧供应链生态创新模式。企业基于数字化和互联网，构建供应链生态圈，主要的驱动因素是企业实现运营模式、商业模式和组织管理模式的全面升级。通过生态圈的构建，供应链中的企业将积累庞大的数据，借助大数据技术，可以有效地对终端客户的需求进行定位，并以更短的时间反馈到供应链的各个参与者，最终帮助决策者做出准确的决策。在生态圈中，由于各个企业是互联互通的，因此，资源的投入将进一步优化配置，从而使利益最大化、生态圈内的各个企业都可以可持续地发展。

随着 5G 时代的到来，智慧供应链创新的关键在于如何找到接近零成本并能高效率实现接口非标准化到标准化的路径。

二、智慧供应链的风险机制

（一）智慧供应链风险

智慧供应链在运作过程中常常存在不确定性，更需要较大的资源和技术投入，在尚无可借鉴经验和路径的情况下，其风险会更加明显。随着智慧供应链的发展，其安全风险、资源信息共享风险是亟待解决的问题。

首先，智慧供应链安全风险，其中包括智慧供应链断裂风险和智慧供应链信息泄露风险。智慧供应链断裂风险方面，随着生产和消费的全球化，智慧供应链在不断延长的同时也变得越来越脆弱，供应链中一个环节的失误很有可能造成整个供应链的毁灭；智慧供应链信息泄露风险方面，随着市场经济的迅速发展，信息共享机制成为供应链管理的关键，是智慧供应链高效协调运转的基本保障。在供应链参与者信息共享的过程中，往往伴随着信息泄露的情况。信息泄露在一定程度上削弱了供应链参与者之间达成信息共享机制的积极性，有时甚至会造成整条供应链的断裂。

其次，智慧供应链资源信息共享风险。在智慧供应链管理实践中，看似百利而无一害的资源信息共享，在实施过程中却存在一定的风险。事实上，很多时候信息共享更像智慧供应链管理"乌托邦"式的设想。因为在考虑其积极作用的同时，人们容易忽略信息共享成本。即使有良好的 IT 基础支撑，企业在管理信息系统、硬件设备等方面的大量投入，以及供应链上节点成员智能技术和系统不兼容等风险都会带来相当高的转换成本。此外，在供应链中各企业的相互博弈下，企业会面对类似"囚徒困境"的难题，身处智慧供应链动态联盟中的企业可能会做出有悖于整体最优的个体最优选择。也就是说，行业中竞争对手利益的冲突和严厉约束的缺失会使信息共享遇到严重障碍，甚至导致虚假信息的产生。此外，企业对泄露商业机密的担心，如核心优势、生产技术和财务状况等，也会增加信息共享的风险。

（二）智慧供应链风险应对

1. 智慧供应链的风险识别与管理

智慧供应链的构建在提升效率和响应速度的同时，也引入了一系列新的风险类型。风险识别与管理成为确保供应链稳健运行的关键，包括对供应链中的数据安全风险、技术故障风险、供应商依赖风险以及市场需求波动风险的识别和评估。通过实时监控系统和预测分析工具，可以及时发现潜在风险并采取预防措施。

2. 智慧供应链的技术创新与风险缓释

技术创新是智慧供应链发展的核心驱动力，也是风险缓释的重要手段。利用区块链技术确保数据的透明性和不可篡改性，通过物联网技术实现库存和物流的实时监控，以及运用人工智能进行需求预测和风险评估，都是降低智慧供应链风险的有效途径。技术创新不仅提升了供应链的智能化水平，还为风险管理提供了新的解决方案。

3. 智慧供应链的协同合作与风险分担

智慧供应链强调的是供应链各方的协同合作，通过共享信息和资源整合，实现风险的有效分担。合作伙伴之间的紧密协作能够降低单一环节的风险，通过建立灵活的合作机制和风险共担协议，可以增强整个供应链对不确定性的适应能力。协同合作还有助于提升供应链的整体韧性，确保在面对市场波动和外部冲击时的稳定运作。

4. 智慧供应链的持续监控与应急响应

持续监控是智慧供应链风险应对的持续过程。通过建立全面的监控体系、实时跟踪供应链的各个环节，及时发现异常情况并采取应对措施。应急响应机制的建立，确保在风险发生时能够迅速有效地进行处置，减少损失。这包括制定应急预案、进行风险培训和演练，以及建立快速反应的决策流程。

智慧供应链的风险应对是一个全面、系统的过程，涉及风险识别、技术创新、协同合作以及持续监控等多个方面。通过这些措施，可以提高供应链的透明度、灵活性和响应速度，确保供应链在面对复杂多变的市场环境时能够保持稳定和高效。

第三章

供应链管理关键要素

第一节　供应链战略匹配与网络

一、供应链战略匹配

（一）企业竞争战略与供应链战略

1. 企业竞争战略

企业竞争战略是企业总体战略的组成部分，是指企业根据外部环境的变化，结合自身资源和能力，确定以何种方式提供商品和服务以满足不同顾客的需求。企业竞争战略对于企业的生存与发展至关重要，其战略目标是供应链设计和规划的前提。

只有结合企业自身的实力全面分析影响一般性竞争战略选择的关键因素，才能制定出适应市场需求的竞争战略。例如，沃尔玛超市的战略就是确保各种价格低廉、质量可靠产品的供给，即提供较低的价格和较高质量的产品；麦克马斯特公司以出售维护、修理用品为主，它的竞争策略是以方便顾客为中心。两家公司拥有的资源、提供的产品、定位的目标客户是不相同的，它们确定的竞争战略目标也不相同。

2. 战略目标实现

随着经济全球化和信息化进程的加快，以及国际竞争的加剧，对企业竞争战略的要求越来越高。但不管竞争战略如何变化，现阶段企业战略目标都是通过实现低成本、差异化、反应快在竞争中取胜。

3. 供应链战略设置

供应链战略是从企业竞争战略的高度考虑供应链管理的核心问题，由此决定如何构建供应链，并决定原材料获取和运输途径、产品制造和服务提供、产品配送和售后服务的方式等。供应链战略可以从内外两个层面来理解：从外部看，企业通过与供应商、制造商、分销商等建立良好的合作关系和有效的信息共享与交流，实现外部关系的融合；从内部看，企业各职能之间通过有效集成与运作，保证企业资金流、物流、信息流的顺畅流动，实现内部职能的集成。

对于企业而言，供应链战略必须与企业竞争战略相匹配，能使企业根据不同的顾客及其潜在需求不确定性的特点，为顾客群提供产品和服务，帮助其更好地实现总体战略目标。简单来说，供应链战略设置就是在企业竞争策略的不同目标之间进行权衡。

如果企业的竞争战略目标是实现低成本，而供应链战略是反应性战略，两者之间就不匹配。反应性供应链战略强调对市场需求作出快速反应，而为了能够作出快速反应，必然要求一定的渠道库存、快速有效的物流系统等，这样不可避免会导致成本的上升，难以实现低成本目标。在这种情况下，企业强调低成本就必然难以对市场需求作出快速反应，从而会错过市场时机。同样，如果有效性供应链与差别化竞争战略配合的话，企业就不能通过提供功能性产品而实现产品的差异化。因此，如果供应链战略和企业竞争战略不匹配，企业既不能建立成本领先的优势，又不能获得差异领先的优势，而只能处于尴尬的中间境地。

（二）供应链战略设计原则

在供应链战略设计的过程中，应该遵守一些基本原则，以保证供应链战略目标与企业竞争战略目标相一致。为了保证供应链网络规划能满足供应链管理的要求，从宏观角度来讲，一般应遵循以下几个原则。

1. 全局性原则

在设计供应链时，要从全局的角度出发，考虑供应链战略的可实施性。否则，根据供应链的目标和特定的要求逐步设计下去，后期操作人员无法落实时，进行更改的代价非常高；或者从操作可行性或者目标市场出发，若最终的体系偏离了企业战略目标，都是不可取的。因此，设计供应链时要从全局出发，往往是由高层依据市场需求和企业发展规划作出战略规划和决策，并提供给规划设计小组，由下层部门制定相应的局部决策给设计小组作为参考，设计小组综合权衡各方面利弊后制定相应的供应链规划体系。

2. 互补性原则

供应链系统的各个结点主体的选择应遵循优势互补的原则，最大限度地利用各企业的优势资源，实现资源整合，增强供应链的灵活性和竞争力，并使各成员企业达到资源外用的目的。每个企业只集中精力致力于各自核心的业务流程，在设计结点内的供应链时，采用并行设计原则，实现并行的运作模式，帮助实现供应链业务的快速重组。

3. 协调性原则

供应链合作伙伴关系是否和谐深刻地影响着供应链绩效的好坏。在设计供应链时应该注意强调供应链内部协调，以充分发挥各成员的主动性和创造性，形成一个团结、和谐和富有战斗力的竞争集体；同时也应注重供应链系统与周围环境之间的协同。

4. 动态性原则

正是基于市场需求的不确定性，供应链管理才被发掘出来。不确定性的存在，导致需求信息不断变化，设计出的供应链应能够最大限度地减少信息传递过程中的信息延迟和失真，因此也就必须保持供应链管理的动态性。在不同的地点和时间，供应链管理能够有不同的实施方案。

5. 规模化原则

企业通过供应链管理使得生产运作规模化，从而带来单位成本的降低。在进行供应链设计时，要考虑设计后的供应链是否会破坏企业原有的规模，或者是否会给企业带来规模效应产生的额外利润。例如，剥离企业原有不擅长的业务，将企业非核心业务外包，使本企业能够专注于对核心业务的研究，增强企业竞争优势，充分享有核心业务规模化带来的好处。

（三）供应链战略匹配决策

1.供应链能力图谱

根据企业规划满足的特定顾客群需求创建供应链战略。供应链战略需要体现互利、协作、可靠、快速响应等特点，根据不同的需求特点为顾客群提供服务，才能更好地实现企业战略目标。为了保障供应链战略的实现，供应链必须具备相应的运作能力，权衡供应链反应能力和供应链盈利能力。

供应链反应能力体现在：对大幅度变动需求作出反应，满足较短供货周期的要求，提供多品种产品，生产具有高度创新性的产品，满足特别高的服务水平的要求。供应链拥有的这些能力越多，供应链的反应能力越强、柔性越强、周期越短、创新性越强、服务水平越高。

要保持较高的盈利能力，需要加强成本的精细化管理，强调有效性运营。供应链盈利能力用产品销售收入减去产品生产及送达顾客成本后的利润高低来度量。随着成本的增加，盈利水平会降低。

2.需求不确定性图谱

顾客需求不确定性是指在其所需产品的数量、愿意接受的提前期、所需产品的种类、要求的服务水平、产品的价格、预期产品创新周期等方面表现出不确定的特征。而考验供应链运营能力的并非顾客需求的不确定，而是供应链必须予以满足的需求部分存在不确定的问题，即潜在需求不确定性。

顾客需求本身的不确定性和供应链试图满足各种各样的顾客需求，共同影响了潜在需求不确定性。潜在需求不确定性受需求量不确定、供货期、要求的产品品种、获取产品的渠道、创新的速度、要求的服务水平等因素影响。由于每一种顾客需求都对潜在需求不确定性产生重大影响，可以将潜在需求不确定性作为一种工具，用来区别不同类型的需求。

3. 供需图谱相互匹配

以供应链的运作能力为纵坐标，往上表示强调供应链的反应能力，往下表示强调供应链的运作成本，即侧重于盈利能力；以潜在需求不确定性为横坐标，往右表示需求不确定性强，往左表示需求确定性强。

为了取得高水平业绩，企业应该把潜在需求不确定性和反应能力考虑到匹配带中。总之，基于战略匹配创建的供应链，能在效率水平与反应能力之间取得平衡，能使企业根据不同的顾客及其潜在需求不确定性的特点为顾客群提供服务，能更好地实现公司的总体战略目标。

（四）供应链战略匹配障碍

供应链战略与企业竞争战略的匹配存在如下主要障碍因素。

1. 产品种类不断增多

随着消费者需求多样化和个性化的增强，产品种类越来越多，需求不确定性也越来越大，企业要满足消费者需求，就必须通过大规模定制来响应。另外，需求不确定性的增加也增大了企业进行市场预测的难度，促使整个供应链趋于复杂化，比如"牛鞭效应"，这会导致整个企业以及供应链的成本上升。

2. 产品生命周期缩短

高新技术日新月异，产品生命周期越来越短。企业除了要应对顾客潜在的不确定性需求，还必须关注技术创新和新需求的出现，随时进行战略调整，以适应社会需求并制造出新产品。可以说，产品生命周期的缩短提高了企业战略调整的频率，增加了供应链战略匹配的难度。

3. 顾客要求不断增加

顾客对产品功能和销售物流服务的要求越来越高，前者导致产品种类数增加，后者要求具有一定的市场响应性，实现定制式服务。企业可以通过建立高效、快速的物流运输和配送网络，以及顾客需求信息的即时收集、传输、处理的集成信息系统来满足顾客对交货时间柔性、交货品种柔性、交货数量柔性要求的增加。

4. 供应链所有权分离

供需双方各自完成部分物流业务，使得供应链所有权分离。例如，制造商负责区域市场的仓储中心和到仓流入运输，并拥有商品所有权；从仓储中心流出运输由零售商负责，所有权归零售商所有。他们局部最优决策的目标如果冲突，就难以实现整个供应链的优化，从而增加了供应链战略匹配的难度。

5. 供应链全球化运营

全球采购，即在全球范围配置资源；开展全球销售，参与全球市场竞争，致使竞争程度不断加剧。全球化运营将会影响企业目标市场选择、全球选点建厂决策、仓储中心设立策略和信息系统规划决策，供应链战略匹配的难度将会更大。

（五）供应链业务外包战略

供应链管理的主导思想是协调性、集成性、同步性、共盈性，要求提高供应链系统的柔性和市场响应能力。供应链管理的实质就是充分利用企业外部的资源和合作伙伴的能力来实现企业自身的需求，这既降低了运营成本，又提高了工作效率，实现了合作双赢。此时，企业工作的重点转向外部资源管理与运用，强调要形成相对稳定的、多层次的供应链网络。在这一过程中，业务是自营还是外包就成为企业的一个关键性决策。

企业对供应链运作网络的业务采用外包战略，实质上是企业的重新定位，突出核心能力，从事最擅长的业务。通过截取企业价值链中比较窄的一部分，缩小经营范围，重新配置企业的各种资源，将资源集中于最能反映企业相对优势的领域，构筑自己的竞争优势。

业务外包所推崇的理念：如果企业在供应链上的某一环节不是此行业中最好的，也不是企业核心竞争优势，且将其外包不会使企业与客户分离，企业能以更低的成本获得比自营更高价值的资源，那么企业就可以把它外包给世界上最好的专业公司去做。

1. 业务外包的演化

随着社会专业化分工和科技水平的进步，企业业务外包决策可选择的范围越来越大。例如，互联网的出现使企业对承包商的控制力和管理力得到了极大的提高，这让虚拟企业成为可能。纵观企业外包的发展过程，可以把企业业务外包分为 3 个阶段。

（1）传统业务外包

该阶段信息技术还不发达，企业对外包企业不能够做到有效控制，同时世界的经济合作还不够广泛，跨国经营和跨国经济还没有完全形成。在这种条件下，企业的业务外包形式表现为部分有形产品的外包，大多是一些生产过程的外包（如冲压过程），这使得企业和外包供应商之间通过短期的合同进行联系，双方缺乏必要的战略协作。该阶段的外包以国内外包为主要特征。

（2）目前业务外包

该阶段信息技术已经得到了较大的发展，企业对外包企业能够做到有效控制，全球经济合作已经非常广泛（如 WTO 组织和北美自由贸易区等），跨国经济的风险降得很低。在这种条件下，企业的业务外包形式表现为有形产品和无形服务的外包，一些专业的生产制造商已经形成（如富士康），可以把生产的全过程进行外包，企业和外包商的联系更加紧密，双方进行一定程度的、共同研发的战略协作行为。该阶段企业已经开始进行国际外包。

（3）未来业务外包

随着信息技术的日益发达，企业对外包企业的控制更加有效，全球经济合作更加深入。在这种条件下，企业开始探讨虚拟企业的发展模式，把非核心竞争力的活动完全外包，企业就变成了全球性的虚拟企业。

2. 业务外包的动因

（1）规模经济

外包的主要目的就是通过合并不同购买者的订单减少制造成本。这种订单的合并能够使合同制造商利用采购和制造的规模经济，从而大幅降低制造成本。

（2）风险分担

外包使购买者把需求的不确定性转移到合同制造商。合同制造商的一个优势就是能够通过合并不同购买公司的需求，从而降低需求的不确定性。这样，合同制造商就能够在保持服务水平，甚至是提高服务水平的情况下降低零部件的库存水平。

（3）降低投资

外包的另外一个重要目的就是转移投资的不确定性。如果由每个企业（例如戴尔和联想）进行相关的设施投资，而这类投资属于固定成本，市场一旦产生需求变化，企业所面临的投资回报的风险会加大。但是，如果由合同制造商来进行相关的固定资产投资，合同制造商就能够把投资在他的各个客户之间进行分摊，从而降低每个企业的投资风险。

（4）专注核心

通过谨慎地选择外包的内容，采购商可以关注自己的核心优势，例如专业的人才、技术或者知识，这样企业就能够与它的竞争对手产生差异化优势，把核心优势更多地放在关注它的顾客身上。例如，耐克专注于创新、营销、分销和销售而不是制造。

（5）提高灵活度

灵活度包含3个方面的内容：对顾客需求变化的快速反应能力，应用供应商的技术缩短产品研发周期的能力，获得新技术和创新的能力。这些都是技术快速变化的行业或者短生命周期行业的关键问题，例如高科技行业和时装行业。

3. 业务外包的风险

（1）运营风险

运营风险体现为时间、成本、质量方面的偏差。运营风险频繁发生于工作流程转移过程中的中断，或易于发生人为差错的反复性流程。运营风险的发生不是由于主观故意；当服务提供商不完全理解顾客的要求时，更易发生运营风险。

（2）战略风险

战略风险来源于服务提供商或其员工的机会主义行为。盗窃知识产权是最常见的，但不是唯一的例子。另一种类型的战略风险涉及服务商员工配置不足、偷工减料。还有一种是依赖失衡："前三年一切正常，等到需要更新合同时，服务商提出价格要加倍，因为它知道客户已经不能自拔，到这时候要转换服务商谈何容易！"

（3）复合风险

复合风险表现为当一个客户公司把一个流程外包相当长一段时间后，它自己已经不再具备自行实施这个流程的能力。例如，经过 8 ~ 10 年之后，一个金融服务零售公司可能不再具备后台运营能力，因为它所有的零售客户都是由位于毛里求斯或马尼拉的离岸服务商管理的。潜在的问题就是，当这家客户公司试图推出一个新产品时，会发现所需的内部处理技能都荡然无存了。这类风险有一个相对容易的解决方案：企业对于外包出去的技能可以保持一个最低数量的自有能力，有备无患。

（六）数字化供应链的战略匹配

数字化供应链是现代数字技术与供应链管理的密切融合，通过人工智能、区块链、云计算、大数据等技术，打通供应链上的商流、信息流、资金流、物流，实现供应链可视化管理，具有即时、可视、智能的特点。相较于传统供应链，数字化供应链更容易实现各结点之间的信息共享与战略协作，基于可视化、信息化及智能化的特点，能有效提升供应链响应能力。

1.数字化供应链实现端到端的可视化

利用数字工具带来的联通，数字化供应链可以实现运营过程及物流过程的可视化，提高供应链的管理效率及响应能力；同时，数字化供应链上的企业离消费者更近，更容易获取消费者数据，构建用户画像，精准匹配用户个性化需求。未来将会逐步从以企业为中心过渡到以消费者为驱动的网络视图，实现供应链网络结构下的参与者协作与信息共享，从供应链可视化到基于大数据与人工智能的自主认知分析和控制，驱动供应链的自动动态调整与优化。

2.数字化供应链提高信息传递效率

数字化供应链能高效、实时地汇集整个供应链的信息流，并自动对这些数据信息进行智能筛选、分析，使有效数据能快速传达到决策层。通过数据信息可以洞察供应链的整体运作情况及市场需求情况，以数据驱动决策，实现供应链战略与竞争战略的精准匹配。同时，数据的高效、实时交互能让决策层及时发现供应链的风险因素，从而规避风险，提升整个供应链的风险管控能力。

3.数字化供应链有较高的智能化水平

随着人工智能技术的应用，很多企业开始研究智能化运营策略，加速了供应链的智能化发展，例如机器人流程自动化技术（RPA）的应用，通过人工智能赋能的 RPA，能够替代供应链运营环节中具有规律性的烦琐流程，24 小时全天候进行自动化运作。随时在线的智能化运作能够降低供应链的运营成本，提高供应链效率，例如自动化采购、自动化物流仓储等都是供应链智能化的体现。

二、供应链网络结构

（一）供应链网络分类

供应链运作网络的构成可以从两个层面进行认识。

1.供应链参与主体网络

参与主体网络包括供应链成员（核心企业及其上下游结点企业）组成的网络规模、各成员之间的联结关系（关系网络、技能网络、运作网络）及其决定的网络强度。参与主体网络体现了供应链网络规划的主要内容，如供应链的合作伙伴关系、运作业务流程、组织与技术能力等。

2.供应链物流客体网络

这是贯穿于供应链原料采购起点到产品需求终点的整个物流通道，包括采购管理、库存管理、设施选址、运输管理、分销管理及信息系统等。物流客体分布决定网络密度，物流通道的运输量与仓储量决定网络流量。

3. 参与主体与物流客体的关系

在供应链管理中，参与主体网络与物流客体网络既存在一定的独立性，又相互依赖、相互制约。

（1）参与主体网络运作流程的实现依赖于物流客体网络

关系网络中对上游产品、服务的获取和对下游需求的满足，运作网络中有效物流和生产计划的实现等，都需要物流客体网络在其中发挥作用。在此过程中，具有竞争力的企业为了充分发挥其优势，采取适当方式将部分职能外包，对于企业实现竞争战略目标有非常大的支持作用。

（2）物流客体网络构建受到参与主体网络的影响和制约

供应链物流效率取决于供应链的技术能力和组织能力，采购 / 分销谈判、运输安排、设施选址等物流客体网络的驱动要素也受到供应链合作伙伴的影响。

可以说，二者虽然从概念上被分成了两个层面，但是在实际运作过程中，是融为一体的，共同构成了供应链运作网络。

（二）供应链主体网络

1. 供应链关系网络

企业可以借助供应商关系管理系统（Supplier Relationship Management，SRM）和客户关系管理系统（Customer Relationship Management，CRM）来更好地获得所需的、由上游提供的产品和服务，以及更好地了解下游客户的需求，快速响应和满足其需求。

在企业下游分销链上，必须以"客户满意"为营销战略中心点，通过信息集成和共享及时掌握客户的需求及其变化，关注顾客需求差异的延迟化运作。

在企业上游供应链上，必须以"双赢共盟"的经营理念为指导思想，与供应商结成长期的、稳固的和互惠互利的共赢伙伴关系。

2. 供应链技能网络

（1）技术能力

技术能力主要包括 3 个部分：集成化信息系统、先进技术和产品设计系统。

集成化信息系统技术是供应链一体化的驱动器，供应链物流管理不能脱离信息系统的支撑。信息系统的作用在于利用供应链上下游企业的联系沟通，及时交换商业数据和需求信息，使得供应链各结点企业能够同时基于最前端的市场信息，同步化地作出采购、生产和产品分销等方面的安排，以便同步对市场需求作出快速反应；利用信息系统对供应链全过程的库存作出合理布局安排，顺畅地组织存货在不同结点间的流动，削减不必要的库存，消除"牛鞭效应"带来的多余库存，从而降低整个供应链的运营成本，提高供应链的盈利能力。

各种先进技术为供应链的发展提供了支持，包括各种条码技术、EDI 技术、网络通信技术及 RFID 等。

产品设计系统是指改进产品设计的思路，将设计系统建立于整个供应链的管理范畴之中，兼顾客户的需求响应和供应商的参与需求。

（2）组织能力

组织能力主要包括 3 个方面的内容：集成供应链管理、团队工作和敏捷组织结构。

集成供应链管理包括两个层次：企业内部供应链绩效管理和企业外部供应链绩效管理。

团队工作强调通过团队模式建立问题的有效解决机制提升高效工作的能力，它不仅包括传统的企业内部的各部门各成员之间的合作，还包括供应链外部各企业成员之间的团队合作能力。

敏捷组织结构是指跨功能、流程的广义的生产组织结构，用以支持业务流程。

3. 供应链运作网络

房屋主体是供应链实际运作的 6 个基本功能流程，定义如下：

A_1 顾客化延迟：客户驱动的供应链使得制造商能够加强对客户需求的识别，

顾客需求差异的延迟化为供应链的定制性、敏捷性和响应性提供了实现的有效途径。

A_2 有效性物流：消除价值链上的各种"浪费"环节，"物料采购→产品生产→成品包装→销售订单处理"的企业物流"连续、均衡、同步"地实现一体化高效运作。

A_3 需求驱动的计划系统：以客户需求为出发点，形成"销售预测与客户订单→主生产计划 MPS →制造资源计划→生产作业计划和采购作业计划"的"拉动式"按需生产与采购链。

A_4 精细生产 /JIT 物流：确保制造资源的有效产出，同时保证较高的柔性和可靠的质量，做到设备运行可靠、低库存、产品品种转换的调整时间短。

A_5 供应商伙伴关系：根据物料需求特点和供应市场充足程度，确定与供应商之间的合作关系类型。

A_6 集成绩效评价：定期地评价和分析供应链绩效对企业、客户和供应商的利益增值性。

（三）供应链物流网络

供应链物流网络结构由供应链运营的驱动要素决定，可以归为采购、库存、运输、分销、选址和信息 6 个方面，对于每一个独立要素，供应链管理者必须在反应能力与盈利水平之间权衡。

1. 采购

供应链下的采购不是单纯的购买行为，而是指从潜在供应商遴选开始，经过询价和比价，确定日常供应商和订单分配，明确采购交货条件（如对品种、质量、价格与交付方式的选择），直到采购的商品进入需求者仓库为止的全过程。采购分战略采购和操作采购两类。

2. 库存

库存要素主要是指管理库存方式，包括将库存分配（推动）到存储点与通过自发补货（拉动）库存两种策略。另外，还涉及产品系列中的不同品种分别选在工厂、地区性仓库或基层仓库存放，以及运用各种方法来管理长期存货的库存水平等决策内容。

3. 运输

运输要素包括运输方式、运输批量和运输时间以及路线的选择。运输可采取多种方式与路径联合的形式。运输速度快、服务水平高，则反应能力强，但运输成本高、盈利水平相应降低。

4. 分销

分销是指在整条供应链中，产品从供应商结点向客户结点移动或储存所采取的措施或步骤。分销涉及供应链的末梢，对供应链物流客体网络的实施效果起着决定性作用。

5. 选址

生产场所和储备场所是供应链网络中物资储存、装配和制造的地方。选址主要涉及确定设施数量、地理位置、设施规模、设施功效和能力柔性等决策。要提高反应能力，选址应靠近消费者，但会使设施密度增大、成本提高，导致盈利水平降低。

6. 信息

信息要素包括整条供应链中有关采购、库存、运输、设施及顾客的订单 / 定单资料和预测分析。信息是供应链运营中最重要的驱动要素，直接影响其余要素。

三、供应链网络构建

（一）供应链网络构建原则

在实际操作中，除了遵循供应链网络规划的宏观性原则，还应从微观管理的角度注意供应链网络构建的一些具体原则。

1. 经济性原则

使作业更为经济合理化是供应链管理的重要内容之一。在企业运作成本控制中，常常存在效益悖反问题，即各种运作活动成本的变化模式常常表现出相互冲突的特征。解决冲突的办法是平衡各项成本收益使整体达到最优，所以供应链网络结构应尽可能简洁，合作伙伴少而精，组织精细化供应链。

2. 多样化原则

供应链设计就是要满足不同客户的需求，对不同的客户提供不同的产品或服务。在面对不同的客户要求、不同的产品特征、不同的销售水平时，要求企业将适当的商品在适当的时间、适当的地点传递给适当的客户，也就是意味着企业要在同一产品系列内采用细分策略。比如在设计库存格局时，要区分出不同销售速度的产品，销售最快的产品应放在基层仓库的前列。采购策略制定时，要区分不同性质的物料，并与相应的供应商建立合适的、形式多样的伙伴关系，如战略合作、竞争性合作、合作性竞争、一般交易关系等。

3. 延迟化原则

延迟化原则就是把产品需求差异、物流服务差异的差异点尽可能设计得靠近顾客，将需求差异延迟到向顾客交付才快速执行。在收到客户订单之前，尽量延迟货物发运的时间和最终产品的加工作业。这一思想避免了企业根据预测在需求没有实际产生的时候运输产品（应该进行时间延迟）以及根据对最终产品形式的预测生产不同形式的库存产品（应该进行成形延迟）。企业应将订货性生产与延迟化运作有机结合起来，实现顾客需求的定制化。

4. 合并性原则

合并性原则侧重于并单采购、并单发运、集中库存等方面。例如，单一订单的运输与配送一般批量较小，将其合并成大批量便会形成明显的经济效益，但是这样做可能会使运输时间延长，造成客户服务水平下降、顾客满意度降低。在采用合并原则时，应谨慎权衡得失。通常，合并原则在运量较小、零担运输太多的时候采用。

5. 标准化原则

标准化原则包括组成产品的零件标准化和通用化、物流业务规制标准化、物流业务流程标准化、物流作业执行规范化等方面。标准化的提出解决了满足市场多样化的产品需求与降低供应链成本的问题。如在产品设计中，尽量使产品由标准零件组成，从而解决零件品种多、批量小带来的成本问题。采用标准化，既能满足顾客对多样化产品的需求，又能尽可能降低供应链成本。

（二）供应链网络构建目标

明确构建目标是设计一个有效的供应链运作网络的立足点和推动力。

1. 供应链运作的整体性

供应链战略不是基于一个或部分成员企业就能实现的，供应链系统功能也不是企业功能的简单加总，而是需要供应链合作伙伴间的相互协调和不断优化，因此实现供应链运作的整体性成为供应链网络构建的首要目标。要实现供应链运作的整体性，必须从结构上合理安排供应链参与主体网络的各结点企业，明确相互之间的层级关系，在参与企业相互协调的基础上实现供应链物流客体网络的有序、顺畅运转。

2. 供应链运作的高效率

供应链管理的最终目标是实现供应链整体价值的最大化，实现这一目标的基本条件是整条供应链具有较高的运作效率。供应链的运作效率受多方面的影响，比如供应链合作伙伴关系、业务流程、设施选址、库存管理、采购/分销管理等。要实现高效率的运作目标，就必须在供应链网络的构建过程中对各个环节加以充分考虑。

3. 供应链运作的低成本

供应链所产生的价值是产品对顾客需求满足与所付出的供应链成本之间的差额，这就要求供应链网络的构建必须关注供应链运作的成本问题，要充分考虑供应链上各个产生成本的因素，重点考虑供应链的采购成本、仓储成本、运输成本和库存持有成本等，通过参与主体网络的沟通协调与物流客体网络的优化实现供应链总成本的最低化。

4. 快速的系统反应能力

快速的系统反应能力也是供应链网络构建的一个重要目标。在当今世界的市场竞争中，时间已成为竞争成功最重要的要素之一：一方面，通过快速响应客户需求能够赢得市场竞争；另一方面，当供应链运作出现问题时，能够迅速发现并及时调整。快速的系统反应能力强调合作伙伴的少而精，强调业务流程的高效率，强调信息技术的应用等。

（三）供应链网络构建步骤

供应链网络构建可以采用自顶向下和自底向上相结合的构建思路。自顶向下侧重分解与协调原则，先把握整条供应链的战略目标，从全局逐步到局部，从战略层面规划具体到战术层面的计划，逐渐深入运作层面的作业优化；而自底向上侧重集成优化原则，从局部到整体，先进行结点企业内部物流职能运作的改进与优化，再考虑企业之间合作关系的确立和供应链网络优化等战略层次问题。

从具体的构建步骤来看，首先，要识别市场需求和了解目前供应链运作存在的问题，明确供应链网络构建急需实现的目标和改进的方向；其次，根据供应链的目标与战略，确定合理的供应链网络结构，包括参与主体网络与物流客体网络，并明确结构方案的评价指标和标准；最后，对供应链网络的运作绩效进行评估，根据评估结果进行改进，甚至流程再造。

1. 分析市场竞争的需求

分析企业的竞争环境，就是要对外、对内都有一个正确的评价。首先，进行客户评价，就是对上游企业、下游企业、消费终端等进行调查研究，提出"用户要什么""他们在市场上的比重有多大""企业内部能否满足顾客的需求"以及"企业是否决定要满足顾客的这些需求"等问题。这一系列"知己知彼"的内容主要包括分析消费者需求的变化、消费结构的变化、市场竞争格局的变化等，提出企业未来可能的目标市场建议。其次，针对客户评价所得到的可能目标市场，对企业自身状况进行分析，明确企业的强项和弱项；再将预期的目标市场与企业战略目标进行匹配性分析、与企业营销战略目标进行适应性研究，完成目标市场评估。最后，结合企业产品的类型、价格、促销和渠道的营销策略，进行目标市场锁定，并最终确定供应链战略和目标。

2. 确定供应链网络结构

明确企业的供应链战略目标之后，着重研究供应链开发的方向，明确供应链结构方案评价的指标和标准；分析、寻找、总结企业存在的问题及影响供应链设计的阻力因素，提出供应链组成的基本框架，并选择合理的供应链结构方案。

（1）参与主体网络结构

参与主体网络结构主要包括对供应链成员组成分析，对供应商、制造商、分销商、零售商及用户的选择及定位，以及确定选择与评价的标准。通过对上下游的合作伙伴进行筛选以及建立适合的契约类型和合同管理，实现成员企业的战略联盟，以便更好地收缩战线、抓住企业关键的核心能力。

（2）物流客体网络结构

物流客体网络结构主要涉及具体的物流操作业务，包括生产设施选址，确定设施的数量和规模，权衡选择适当的运输方式，选取合理的仓储位置与库存水平，以及各结点间信息集成等。

3. 绩效评估及流程再造

企业在完成供应链设计之后，需要进行运行检验，并通过一定的绩效衡量标准，对供应链进行评价。如果运行检验出现问题，应通过一定的方式与途径进行改进，以提高绩效水平；如果依然无法解决，需要考虑对供应链进行重新设计，实施流程再造。

供应链网络的构建，不仅要根据企业产品的特点，考虑供应链战略与企业战略之间的匹配，还要结合企业的实际情况构造主体和客体网络，同时，流程再造也是供应链构建的重要内容。

（四）供应链网络构建策略

在供应链网络的具体构建过程中，除了遵循前述的原则，还可以考虑采用下面介绍的几种具体的构建策略。

1. 通过收缩战线和业务外包重构供应链

业务外包是顺应了供应链环境下的竞争而产生的，强调企业将主要精力集中于关键的业务上，充分发挥其优势和专长，而将企业中非核心业务交给合作企业来完成，从而达到"专业的人做专业的事情"的目的。这与传统企业的"纵向一体化"控制和一个企业"大而全、小而全"地完成所有业务的做法有很大不同。通过业务外包，可以分散企业风险、加速业务重构、提高生产效率、优化配置资源。因此，在构建供应链网络系统过程中，应充分考虑到业务外包的优势，重点关注供应链某一价值环节，采取收缩战线，聚焦和加强企业之间的专业化分工与协作。

2. 寻找关键成员企业合作组建战略联盟

在构建供应链的过程中，通过寻找关键成员企业，建立战略联盟，可为合作双方提供其他机制中所不具有的显著优势：第一，产生协同性，整合联盟中分散的企业资源凝聚成一股合力，进行虚拟资源最优化配置；第二，分担风险，联盟内的企业共享盈利、共担风险，提升企业把握伴有较大风险机遇的能力；第三，加强合作者之间的技术交流，使他们在各自的业务市场上保持竞争优势；第四，给双方带来工程技术信息和市场营销信息，使他们对新技术变革能够作出更快速的调整和适应；第五，营销领域向纵向或横向扩大，使合作者能够把握新市场的时机，进入单方难以渗透的市场。一旦战略联盟管理有方，合作双方将比单方自行发展具有更大的战略灵活性，最终实现双赢。

3. 在原有的供应商和销售商中进行筛选

在寻找供应链合作伙伴时，可以从原有的上游供应商和下游销售商中进行筛选，选择有以下优点的合作对象：对合作企业的能力、商业理念和企业文化有比较清楚的了解；人际关系纽带已经建立；以前相互往来的经历为两家企业能否友好相处提供了有力证据；合作双方对将要组建的联盟企业的业务都很熟悉。从原有的供应商和销售商中，高效、迅速、低成本地筛选出进一步发展的合作伙伴，淘汰增值潜力不大、企业信誉度差的原有合作伙伴。

4. 借助电子商务和 IT 技术寻找合作伙伴

在寻找和评估潜在供应商、确定合格供应商的过程中，借助电子商务、IT技术可以大大缩短选择时间。在全球范围内，迅速考察合作伙伴的技术实力、组织能力、履约信誉等情况，挑选合适的合作伙伴，优化业务流程，完善合作关系，增强整条供应链的协同性和竞争力。

5. 以不同的产品结构为媒介组建供应链

供应链的设计要以产品为中心。在设计供应链时首先要了解用户对企业产品的需求是什么。产品生命周期、需求预测、产品多样性、提前期和服务的市场标准等都是影响供应链设计的重要问题。不同的产品类型对设计供应链有不同的要求，高边际利润、不稳定需求的创新性产品的供应链设计就不同于低边际利润、有稳定需求的功能性产品。供应链系统的设计还要与产品构成特性相一致，以产品组成结构为媒介，根据产品的物料清单（BOM 表）展开，平衡生产能力决定外购零部件和原材料，选择其供应商，构建供应链。

6. 实施新的物流管理技术来改进供应链

在构建供应链时，应考虑采用一些新的物流管理技术，如供应商管理库存（VMI）、协作计划、预测和补货（CPFR）等，以及第三方物流管理和外包物流管理与组织技术，变革企业原有的物流业务领域，重构与优化供应链。

7. 通过价值链分析与定位以优化供应链

价值链分析是评估企业当前的运营状况、预测未来的经营业绩，并对企业所具有的竞争力水平进行定位的过程。它不同于传统方法，不仅能在企业内部影响其产品或服务价值的所有活动分配成本，还能从合作伙伴的角度来评估成本。企业根据拟定的变革方案对各合作伙伴所产生的综合影响来确定削减成本的重点，以避免供应链某个环节的变化导致整个价值链成本增加、效率下降。价值链分析还可以对供应链运作绩效进行评估，从而判断在实施计划时结果与目标是否吻合。

第二节　供应链合作关系与业务流程

一、供应链合作关系

供应链合作关系，也就是供应商—销售商关系、卖主—买主关系。供应链合作关系可以定义为供方与需方之间在一定时期内的共享信息、共担风险、共同获利的协议关系。建立供应链合作伙伴关系通常是为了降低供应链总成本、降低库存水平、增强信息共享、改善相互之间的交流、保持合作伙伴之间操作的同步性，以实现各结点企业的业绩改善和利益共享。

（一）供应链合作层次

供应链管理的精髓就在于企业间的合作，要实现成员企业核心竞争力的有效整合，关键在于供应链各结点企业之间合作伙伴关系的建立，在设计、生产、竞争策略等方面进行良好的沟通，以共盟联合的方式，取得供应链的竞争优势。因此，根据供应链合作关系的程度，可以将供应链合作关系分为4个层次：作业层、战术层、战略层和宏观层。

供应链合作可以提高供应链的运作效率和反应速度，通过合作可以实现供应链上的信息透明，这是管理好供应链的重要保证。

1. 作业层面合作

作业层面合作主要是通过网络互联正常收集定量信息。例如，零售商的销售时点数据、市场需求规模、消费者购买品类；需方订单信息、需方当期库存数量、库存消耗速率；供方的供货能力、配送计划安排、订单履行查询等。供应链各结点企业通过网络互联或电子数据交换EDI正常接收、存储供应链上企业之间交换的定量数据信息，有效安排自己的作业。作业层面合作可以实现作业效率的提高、差错率的减少。

2. 战术层面合作

战术层面合作主要就是在一定的信息处理技术支持基础上，可以正常处理交换的定量信息，并且使供应链上各结点企业的产品需求信息、生产安排信息、订单传递信息、交货及库存信息、产品在途信息等实现高度共享与集成，有效减少"牛鞭效应"，从而进行科学的需求预测、准确统计供给，提高预测精度，合理安排生产计划。

3. 战略层面合作

战略层面主要是相互交换目标市场调整、物流战略规划、合作履约评估等定性信息，实现企业之间的资源优化配置。这些战略层面的定性信息，在供应链结点企业成员之间按合作关系程度实现交换。

4. 宏观层面合作

在当今的竞争环境下，速度是企业赢得竞争的关键所在，供应链中需方要求供方加快生产运作速度，通过缩短供应链总周期时间，达到降低成本和提高质量的目的。而缩短总周期时间，主要依靠缩短采购时间、内向运输时间、外向运输时间和设计制造时间才能实现，这需要供应链上的核心企业与上游供应商共同协调、共同预测、共同计划和共同决策，实现即时定制生产，迅速而低成本地满足消费者个性化需求。

（二）供应链合作类型

供应链合作伙伴可以分为两个层次：重要合作伙伴和次要合作伙伴。如何定义"重要"和"次要"的合作伙伴，需要将合作伙伴进行定位。

1. 基于增值性和实力分类

（1）战略性合作伙伴

处于右上矩阵，合作的增值性大且合作伙伴的市场竞争实力强，这类合作是"强—强"联合，属于最理想的合作伙伴，需要考虑合作的持久性，建立战略性合作伙伴关系。

（2）有影响力的合作伙伴

处于左上矩阵，合作的增值性大但合作伙伴在其专业领域实力较弱，其市场竞争实力不足，这类合作是"强—弱"联合，也属于理想性的合作伙伴，"强—弱"联合关系比较稳定，称为有影响力的合作伙伴。

（3）竞争性/技术性合作伙伴

处于右下矩阵，合作伙伴自身的市场竞争实力较强，但合作的增值性并不大，这类合作是"弱—强"联合。合作的对方实力较强、组织管理和技术水平高，可能是理想性的合作伙伴，也可能成为竞争对手。如果合作对方没有纵向一体化扩张的野心，由于他们的管理和技术都很好，那么在合作过程中可以从他们那里学到很多有益的技术和经验，获得技术支持服务，也属于理想性的合作伙伴，称为技术性合作伙伴关系；但正因为合作对方的实力强大，如果他们倾向于纵向一体化扩张，更多地体现出竞争性关系，则属于合作性竞争，称为竞争性合作伙伴关系，合作关系的紧密程度应该降低，尤其要注重合作风险。

（4）交易性合作伙伴

处于左下矩阵，合作的增值性较小而且合作伙伴自身的市场竞争实力也不强，这类合作是"弱—弱"联合，不属于理想性的合作伙伴关系，称为普通伙伴关系。对于普通伙伴关系，企业只需与他们保持供货交易关系，基于物流作业层面的低层次往来，不必列为企业发展的合作伙伴，而是希望更多的这类伙伴参与投标，从而选择价位上最有利的企业保持交易关系。

2. 影响供应链合作的因素

制约合作的因素既包括企业外部环境，又包括企业内部因素。企业的外部环境包括国家法律、政府有关政策、信息技术和社会文化等，它们都会不同程度地影响合作伙伴关系的建立。企业内部因素对企业之间合作伙伴关系的建立影响更为直接和深远，这些因素主要包括管理层的意识、相互信任程度、共同愿景、交流沟通机制、组织结构支持、企业文化差异、潜在的合作者、冲突解决机制等。

（1）管理层的意识

良好的供应链合作关系首先必须得到最高管理层的支持，供应链上各个企业高层的态度对于供应链合作关系至关重要，只有最高层领导赞同建立合作伙伴关系，企业之间才能保持良好的沟通，建立相互信任的关系。

（2）相互信任程度

信任是合作的基础，只有相互信任，才能进行有效的沟通和合作，供应链的整体价值才能得以实现。信任意味着相信对方不会采取机会主义行为，不会采取损人利己的行动。没有信任也就很难有控制权的转移。

（3）共同愿景

企业之间进行合作的重要前提是在信任的基础上拥有共同的愿景。这要求各个企业高层要有建立战略合作伙伴关系、进行供应链集成的共同愿景，即供应链各方接受和认同的合作愿景。通过建立共同愿景可以使供应链各方明确努力的方向，克服一切阻力和困难，不断努力达到共同的目标。

（4）交流沟通机制

供应链各成员之间由于存在组织结构、文化等方面的差异，相互之间的沟通效率要大大低于各成员内部的沟通效率。基于 Internet/Intranet 的供应链模式是供应链企业合作方式与委托代理实现的未来发展方向，不管是成员之间的信息共享，还是决策的协调，都需要交流沟通机制的支持。

（5）组织结构支持

组织结构的支持对合作起很重要的作用。组织结构差异很大的合作伙伴，在进行业务合作和交流时，因双方价值观和组织既定工作程序不同而产生分歧是不可避免的，容易产生矛盾，应尽量使合作在统一的流程下进行。不管是原来的组织结构还是改组后的组织结构，都要以整体供应链业务需要为中心。

（6）企业文化差异

每个企业都有自己独特的文化。企业文化是企业行为的指导思想，企业文化上的差异会转化为经营管理上的差异，即使拥有共同的愿景，也会因企业文化的差异而导致合作的失败。

（7）潜在的合作者

供应链合作伙伴间要进行优势互补，突出企业各自的核心竞争力，发挥自身的业务专长。企业必须增加与主要供应商、用户的联系，增进相互之间的了解（对产品、工艺、组织、企业文化等），保持一定的一致性。

（8）冲突解决机制

由于供应链成员之间利益的多元化，供应链组织之间和组织内部各个成员的背景、经验、认识角度各不相同，供应链组织及其成员之间出现冲突与分歧是很自然的。冲突处理不好，就会挫伤合作的积极性，引发供应链合作各方的不信任感，甚至会导致合作联盟的分裂。因此，是否拥有一个有效的冲突解决机制是影响供应链合作伙伴关系的重要因素。

综上所述，供应链合作关系是基于核心企业在产品设计、生产计划、市场营销、库存管理和运输配送等职能方面，与其他结点企业之间建立合作联盟的要求而产生的，这不仅使企业与企业之间的职能能够跨越企业的界限得以集成，从而发挥更大的资源配置优势，还使企业之间的文化、工作经验得到交流，信息和数据得以交换。

二、供应链业务流程

供应链的业务流程实际上是结点企业业务流程的集成，在某种意义上也可以看成核心企业业务流程的扩展。组织的使命是为客户创造价值，给客户创造价值的是流程，供应链的绩效在很大程度上取决于其业务流程的设计和运作，就像企业的经营绩效在很大程度上取决于其业务流程的设计一样，成功来自优异的流程运营。可见，供应链组织是依赖各种流程而运作的，业务流程从根本上影响着供应链组织的竞争力。

（一）串行订单流程

传统组织形式的流程运作围绕着销售、财务、生产运作这 3 个基本职能部门来组织公司的活动，完成顾客订单的业务流程，从顾客下单开始到收到所订商品为止。

业务流程被不同的部门所分割，这种组织形式所决定的管理制度导致物流活动被不同部门所阻隔而不连续。被分割的业务流程对服务有哪些弊端呢？

这种"科层制"管理模式的主要特点：强调劳动分工，组织结构分层次，通过专业化提高生产效率。但在频繁变动环境下，分割的业务流程存在如下问题：一是订单需要在不同部门之间流动和执行，流转步骤多，每个步骤为了部门效益而采取批处理，均可能存在排队时间和等待时间，无效工作环节增多而效率低，造成订单执行周期长；二是出错率高，这种串行流程，只要有一个环节出错，订单执行就会出现失误；三是部门横向流程无统一控制，部门本位主义严重，无人对整个业务流程及其结果负责，无人知道订单执行过程的现状，无法回答顾客的查询；四是库存多、反应速度慢；五是由于对外接触部门较多，这样业务部门、财务部门、销售部门与客户沟通时只考虑自己部门的职责权限，容易导致客户不满。

（二）业务流程再造

企业内部流程再造以企业的主要业务流程或作业任务为改造对象，以充实和完善企业的核心业务为中心，以实现企业的价值增值为目标，重新进行企业业务流程的设计，拆除在市场、设计、生产、销售、财务和人事等不同职能之间设置的围墙，构筑新的企业组织结构和分工体系，形成既能对市场需求作出快速反应，又能拥有较强的盈利能力。

然而，供应链流程再造主要是重组企业外部资源，对企业和企业之间的业务流程进行整合，从整个供应链的角度对物流、信息流和资金流进行优化。

1.业务流程再造的内涵

在业务流程再造中，主要有 5 个关键词需要掌握。

（1）面向业务流程

业务流程再造关注的是企业的业务流程，一切"重组"工作全部围绕业务流程展开。业务流程是指一组共同为顾客创造价值而又相互关联的活动，它决定着组织的运行效率。业务流程再造从重新设计业务流程着手，强调流程观念，打破职能界限，直达客户。

（2）根本性的反思

业务流程再造并不是在既定的框架上实施再造，而是对长期经营所遵循的分工思想、等级制度、规模经营、标准化生产等基本信念进行重新思考。需要打破原有的思维定式，实现创造性思维的根本转变。

（3）彻底重新设计

追根溯源，对流程进行重新构造，而不是改良或调整；对既定的现存事物不是肤浅的调整，而是抛弃现有业务流程和组织结构，创造全新的方法。要打破常规，抛弃旧的结构和程序，树立新的价值观念，建立新的企业文化。

（4）绩效显著改善

业务流程再造寻求的不是一般意义的业绩提升或略有改善，而是要使企业业绩有显著增长和质的飞跃。这是业务流程再造追求的目标，也是对业务流程实施变革的结果。哈默和钱皮为"绩效显著改善"制定了一个目标，即"周转期缩短70%，成本降低40%，顾客满意度和企业收益提高40%，市场份额增长25%"。

（5）重视信息技术

没有 IT 支持，业务流程再造就不可能取得突破性进展。只有将现代信息技术融于管理模式之中，充分发挥现代信息技术的作用，才能使再造后的流程更有效率、更有竞争力。信息技术使组织能够以完全不同的方式进行工作。

2.业务流程再造的方法

①废除：删除无效作业，减少非增值活动，如过量生产供应、重复任务、等待时间、无效运输和移库、过量库存、过度控制。

②简化：简化过于复杂的环节。

③整合：功能集成使流程流畅而连贯。

④改变：改变活动顺序或逻辑关系（并行作业）。

⑤自动化：数据采集、数据传输、数据分析。

（三）供应链流程再造

供应链业务流程再造是在动态的市场竞争环境下，针对供应链进行流程重组的管理变革方式，由处于供应链上的某一主导企业发起，以满足客户需求为中心，为了适应供应链竞争的新态势，提高供应链的协同竞争能力，以供应链上企业互惠为基础，以信息技术的发展为使能器，对供应链上成员企业的组织结构、协作关系以及企业内部和企业之间的信息流、资金流、物流进行根本性的再思考和再设计，以实现在供应链上关键评价指标（如成本、质量、服务和速度）的巨大改善，最终提高供应链的协同竞争能力。

1. 供应链流程再造的层次

供应链业务流程再造的对象是供应链成员企业的组织、协作关系以及业务流程。根据再造对象的不同，可以将供应链业务流程再造分为两个层次。

（1）组织再造层次

通过对供应链上成员企业的组织结构、协作关系进行根本性的再思考和再设计，使供应链形态发生革命性的转变，实现供应链中各企业的经营方式和管理方式的根本转变。

在组织再造层次中，供应链中的主导企业对推动供应链业务流程再造具备先天的优势，如规模优势、资金优势、品牌优势、稀缺资源占有优势、技术优势、服务水平优势等，使主导企业相对于其他企业具有较强的谈判能力和驾驭能力。

（2）流程再造层次

对供应链成员企业原有的业务流程重新塑造，包括企业间的业务流程和企业内部的业务流程的重构，使供应链在盈利水平、生产效率、产品开发能力和速度以及顾客满意程度等关键指标上有巨大进步，最终提高供应链整体竞争力。

在业务流程再造层次中，更加强调业务流程或流程活动之间的控制关系。再造后的业务流程或活动之间的协作靠资源共享和信息共享来衔接，通过信息技术的运用来控制流程的合理使用。

因此，组织再造用来把握整体方向，控制全局；流程再造在组织再造的基础上，对业务流程进行根本性分析和设计，是组织再造的成果在业务流程中的具体体现。

2. 供应链流程再造的步骤

（1）设立共识目标和造势

流程再造的目标应该是将宗旨以定性和定量两种方式表现出来。其表现内容主要包括成本降低的目标、对质量和客户满意度的目标、供应链合作伙伴的目标以及财务效益目标等。

（2）分析与诊断流程增值

在供应链管理环境下，因为企业与其合作企业的信息共享方式发生了变化，所以在识别关键流程过程中，不仅要考虑企业内部，而且要在分析流程的工作特征时考虑到相关企业，树立起对供应链整体流程认识的概念。应该根据具体面临的问题，找出其中的关键业务流程对其进行重新设计，按照流程设计跨越组织职能的基本思路，由关键业务流程的设计带动其他一般业务流程的设计。

（3）重新设计供应链结构

业务流程再造中流程设计主要包括两种方法：系统化改造法和全新设计法。系统化改造法是指在辨析理解现有流程的基础上系统地对现有流程进行优化，并创建提供所需产出的新流程；而全新设计法是从根本上重新考虑产品或服务的提供方式，以零为起点设计新流程。

（4）业务流程试点与推广

在实施过程中应该选择部分流程进行试点。试点中积累的经验和教训可以在组织彻底改造完成之前应用于组织其他部分流程再造。这一阶段需要进行详细的业务调研，并全面开展参数的设置、业务的模拟、试运行工作，试点成功之后，再进行全面的推广。

（5）业务流程的愿景评测

流程再造之后，必须通过检测流程的运行情况，与预期目标进行比较、分析，并对不妥之处进行修正和改善，经过一段时间的磨合，达到最优。

第三节　全球供应链规划

一、全球供应链的基本概念

（一）全球供应链定义

全球供应链是指面向全球性的供应市场、需求市场和物流服务市场，在全球范围内选择合适的供货商、销售商和物流服务商来组建和整合企业的供应链，将企业的供应网络/分销网络不断向国外延伸，以覆盖全球供应市场获取资源、提高全球需求市场的响应速度等方式来增加销售。

（二）全球供应链管理

全球供应链管理强调在全面而迅速地了解和识别世界各地消费者需求的同时，对其物流过程进行联合计划、协调、运作、控制和优化，在供应链中的核心企业与其供应商以及供应商的供应商、核心企业与其销售商乃至最终消费者之间，依靠现代计算机信息技术和网络互联技术为支撑，实现了供应链的全球物流职能一体化和快速响应，达到了全球商流、物流、资金流和信息流的通畅与协调，有效地满足了全球消费市场需求。全球化供应链管理范畴较宽，是一种综合性的、跨国界的集成化管理模式，也是适应全球化环境下企业跨国经营的管理模式。

二、全球供应链的主要特点

面对全球竞争，面向世界需求大市场，企业经营模式必须全球化。实施跨国经营战略的企业，其供应链也应该是全球化运营。跨国公司供应链结构和运作模式的特点如下。

（一）物流的国际性

物流的国际性是指全球供应链网络跨越国界，涉及多个国家，网络覆盖的地理范围大，在不同国家或地区间进行的物流活动，属于国际物流而非国内物流。

所谓国际物流，是指在不同国家之间展开的商务活动中，与商品移动相关的运输、配送、保管、包装、装卸、流通加工及信息管理，是当生产和消费分别在两个或两个以上的国家（或地区）独立进行时，为了克服生产和消费之间的空间隔离和时间间隔，对货物进行物理性移动的一项国际商品贸易或交流活动，从而完成国际商品交易的最终目的。国际物流活动不但跨越不同国家和地区，甚至跨越海洋和大陆。因此，全球供应链物流系统范围更广，物流成本更高，风险也更大。

（二）关系的复杂性

全球供应链涉及不同国家之间的商务活动。由于各国社会制度、自然环境、经营方法、生产技术和民族习惯的不同，物流环境也存在差异，使得供应链结点企业之间的关系复杂，合作难度增大，环境适应性要求提高。

仅就物流的复杂性而言，包括国际物流通信系统设置的复杂性、商业法规环境以及国际物流标准的差异性等。在国家之间有效地组织产品从生产到消费的畅通性流动，需要国际物流服务业的大力支持和国际信息系统的有力支撑，对国际物流标准化也有较高要求。因此，这是一项关系相当复杂的组织管理工作。

（三）运营高风险性

全球供应链涉及的风险主要包括运输风险、财务风险和政治风险。

1. 运输风险

国际运输一般要跨越地区、海洋和大陆，存在远洋、航空、联运等多种运输方式。运输时间长、运转困难、装卸频繁、基础设施差异产生较高的运输风险。运输风险又可分为自然灾害和意外事故。自然灾害是指自然界力量所引起的灾害，如雷电、海啸、地震等人力不可抗拒的灾害风险。意外事故是指运输工具遭受搁浅、触礁、沉没、碰撞、失踪、失火、爆炸等偶然的、非意料的原因所造成的事故，以及雨淋、短量、沾污、渗漏、破碎、受潮、串味等一般外来风险。

2. 财务风险

财务风险主要包括汇率风险和利率风险，指全球供应链运营中有关的资金由于汇率和利率的变动、通货膨胀而产生的风险。全球供应链的财务风险一般较高。

3. 政治风险

政治风险是由军事、政治、国家政策法令以及行政措施等特殊外来原因所造成的风险，主要指由全球供应链中结点企业所在国家或产品运输所经过国家的政局动荡，如罢工、战争、货物被有关当局拒绝进口或没收、船舶被扣导致交货不到等原因造成的经营损失。

（四）标准化要求高

全球供应链涉及国家多、范围广、文化差异大、运行环境复杂，国际运输与配送、国际仓储与库存、包装与装卸及信息交换等物流职能需要在不同的法律、人文、习俗、语言、科技、设施环境下运行，尤其是物流设施与设备的规格标准差异化，物流网络系统信息量大且交换频繁，因而全球供应链运营的复杂性大大增加，影响了全球供应链物流系统的运行绩效。

要保证跨国物流流通的畅通性、提高整个链条运行的效率，必须有先进而兼容的国际化信息系统和规格标准化的物流工具和设施。国际物流标准化是以国际物流作为一个大系统，制定系统内部设施、机械装备、专用工具等各个子系统的技术标准；制定系统内各领域（包装、装卸、运输等）的工作标准；以系统的观念，研究各子系统与分领域中技术标准和工作标准的协调性，以便统一物流标准；研究国际物流系统与相关其他系统的配合性。这些标准化的差异对全球供应链的结构设计和运营管理提出更高的要求。

三、全球供应链的运营动因

（一）生产成本

当地要素价格对产品成本的影响显而易见，高附加值的产品尤其如此。对于大多数制造业来说，劳动力成本是第一项需要考虑的，并且不同地区之间的劳动力成本差异很大。另外，劳动力成本也间接影响其他要素成本的价格（例如对原材料采购价格的影响），但这种影响往往被忽视（或低估）。在选址时需要考虑的第二项为资本成本和折旧（主要是融资成本），包括财产和设备的价值、违约风险等。第三项是原材料价格。中间产品和原材料的价格对选址策略会产生显著影响。如果制造商计划在当地采购中间产品，那么面临的主要问题是如何选择和发展当地的供应商。其他因素如税收、资源可得性、法律法规以及当地市场竞争激烈程度对原材料价格也有很大的影响。

（二）生产技术

只有达到一定的生产力水平，企业才能实现规模经济、降低单位产品成本。在许多行业，规模经济效应导致的进入壁垒，使企业很难在该行业获得利润。如果当地现有公司的生产率和生产能力很高，那么这些工厂比新进入者更具成本优势。在这种情况下，企业应寻找其他具有较低固定经营成本的替代技术，以实现小批量生产的成本效益。

（三）物流费用

1. 直接运输费用

直接运输费用包括空运运费、海运运费、陆路处理与分配的成本，以及安排组织运输和临时仓库的费用。

2. 库存成本

库存成本包括资金成本以及折旧和延长交货时间导致的市场机会成本。较长的运输时间、转运时间和卸载时间以及维持服务水平所需的高安全库存导致较高的库存成本。运输过程中价值折旧成本，尤其是产品生命周期较短和价格急剧下降的产品折旧成本可能会很大。较长的运输时间（特别是订货型产品），也可能导致竞争力和价格降低。过期成本和销售损失（由于脱销）也必须予以考虑。这些费用通常不会被视为库存成本，但与库存成本的相关性较高。

（四）补贴和税收

补贴、税收在很大程度上取决于两个因素：行业或产品类别和潜在目标地点——生产基地和主要客户市场。一般来说，在定量分析生产地点时应考虑海关关税和补贴。有时为了得到一个更加确切的评估结果，通常需要咨询该方面的专家和相关政府官员。税收对一些工艺流程，如包装和航运，有很大的影响。因此，公司应学习法律知识，以尽量减少选址时的税收负担。在进驻某一地区时，公司要与政府就补贴进行谈判。补贴一般采取退税、投资基础设施、培训、赠款、资助研究和优惠贷款的方式。

在发达国家，企业名义税率约是其收入的40%。全球实际的征税水平远远低于这一数字。降低税收增加了公司的流动资金，提高了其投资自由，从而影响了公司价值。在一些情况下，企业通过在不同的地方执行不同的功能，如接受订单、包装和航运也能够最小化销售税。

由于税收存在不确定性，发展中国家和新兴工业化国家的税收制度有时特别容易变化，而这种变化极大地影响着企业资产负债表和盈亏报表。

（五）汇率风险

一般而言，汇率对选址的影响是相对温和的。企业可通过选择不同的生产场所和供应商减轻汇率对利润和收入的负面影响。另外，企业也可利用金融工具对冲相关货币风险。但是，长期来看，仅利用金融工具并不能减少汇率对利润和现金流量的影响。这是因为最终产品／中间产品价格和汇率之间以及不同货币之间存在复杂的相互依存关系，从而确定哪一种不平衡需要对冲和在什么时期进行对冲变得十分困难。基于汇率对不同产品、行业以及不同国家的影响不同，跨国公司在构建供应链网络时也应考虑汇率变化的风险。

（六）知识产权风险

随着全球化的不断深入，工业产权如专利和品牌受到侵犯的风险大大增加。同时，商业伙伴、工作人员和第三方的不法行为，以及不适当地使用专业知识所导致的风险也大大增加。一方面是由于发展中国家和新兴工业化国家的公司利用有些国家基本上不能或不愿实施知识产权保护而非法制造和销售产品。在一些国家，海关当局检获的非法进口产品来自各行各业——从智能手机、手表到汽车备件。另一方面是由于发展中国家和新兴工业化国家的法律和执法往往不足以保护跨国公司的品牌和知识产权。虽然侵犯工业产权只是一个潜在的风险，但是企业在构建供应链网络时也应予以考虑。

第四节　供应链信息共享、集成与技术

一、供应链信息共享

（一）供应链信息共享目标

供应链信息共享要实现的目标如下。

1. 协调管控成本

①订单处理流程自动化，使效率达到最大化。

②与电子商务市场和企业内部交易市场的集成，可以迅速比较供应商的优劣。

③完善的计划编制工具可以精确地匹配供应与需求。

2. 资产运营管理

①缩短订单执行周期，将物料加速转换为资金。

②降低库存，在更高效地利用资源的同时又不降低应对突发事件的能力。

③尽可能利用现有制造能力，获得最大生产力。

3. 协同增加收入

①准确的计划编制可提高客户服务水平，维护现有的客户。

②详尽的订单执行状况信息有利于提高客户满意度。

③较强的应对突发事件能力有利于获取更多的订单。

4. 减少不确定性

①改善透明度和协同计划能力，提高预测准确性。

②减少不确定因素，降低安全库存，更好地响应市场变化。

③提高联合意识和供应链的整体运行效率。

（二）供应链信息共享模式

由于供应链结点企业经常用局部信息进行需求预测，并依据预测的结果作出自身的需求决策，还以订单方式传递给上游的伙伴，上游的伙伴又同样根据局部的信息进行订单决策，因此，如果某一供应链结点企业因需求的不确定性而夸大订单时，通常会造成需求信息的畸变，这些畸变又会在供应链中被逐级放大，这通常被认为是引起供应链低效率的最大原因。处理这种"牛鞭效应"的一个有效方法是增加各结点企业之间需求信息的透明度，让信息充分共享。

1. 供应链信息共享的数据系统关系

要实现供应链中结点企业之间信息的充分共享，首先要运用网络技术和信息技术从技术上实现信息网络的物理集成，这是信息共享的基础。目前，因特网能实现供应链中不同结点企业之间的电子链接，通过它能够进行各种电子信息的交换、传递和查询，是一个理想的信息共享平台。其次，供应链中的信息交换需要在不同结点企业的数据库中进行，因而必须具有功能强大的数据库，以使通过因特网能进行快速的信息传递与共享。最后，供应链结点企业之间要建立合作机制，使彼此之间保持信任，保证信息的透明度和真实性。如果供应链企业只是从技术上实现了信息的集成，而没有真正建立起确保相互信任的合作机制，势必会影响整个供应链运作的效率和效果。

2.供应链信息共享模式的功能要求

全面集成的供应链信息系统可协助管理整个供应链网络：从供应链规划到物料询价、从需求计划到产品配送。

（1）供应链网络管理

创建无缝的信息流，用于管理供应链网络；协助构建供应链，并将其转化为真正的协同电子商务社区；运用电子商业市场基础架构将企业和供应链伙伴链接到全球网络中，并利用中心接入点共享关键信息，避免信息延迟、瓶颈和中断现象。

（2）供应链协同计划

在网络经济时代，产品生命周期短，需求瞬息万变，而且客户期望根据其独特需求定制产品。要找到能应对不断变化的市场需求的方法，保持客户满意度，不积压大量的库存，并且比以前更迅速、更高效地将新产品推向市场，就需要超越传统供应链的有序、线性关系，而采用一种动态网络方式，管理变化的、适应供应链网络需要的复杂信息流，并用其执行协同供应链计划，实现内部与外部供应链活动的同步，并实时执行计划和订单驱动式的供应链活动。

（3）供应链实时执行

为了保证在适当的时间、恰当的地点、不折不扣地按照条件要求交付正确的产品，需要供应链上下默契配合，从而实现实时的信息共享，全面管理庞大供应链中的生产、采购和履约活动，具有协同采购、协同生产和协同履约3种支持供应链执行的功能。

（4）供应链协调管理

对整个供应链网络中的流程、存货、资产和合作伙伴进行管理，包括从简单地追踪货物发运到全面监控与微调关键流程中的复杂业务流。管理不同的 IT 系统，以及从报价到客户收货各级供应链流程的信息。对供应链性能进行评测与管理，包括定义、监控、评估并报告关键评测指标，例如存货天数、交货表现、订单周期时间或生产率。通过对这些信息进行分析，可以优化业务流程、提高效率。

二、供应链信息集成

信息资源的共享是实现供应链管理并提高其管理效率的必要条件，而信息集成又是信息资源共享的基础。这主要是利用计算机信息技术和网络技术的方式实现的。

（一）供应链信息集成的内涵

供应链信息丰富多彩，量大且种类多，广泛分布在处于网络环境的各企业的计算机系统中，这些系统本身可能是异构的，并且不同企业存储各自信息的数据格式和对信息的操作方式也各不相同，这就需要进行数据信息集成。

1. 供应链信息集成的概念

供应链信息集成是指将供应链上企业间分散的各种信息有机结合起来，形成一个相互联结的整体，就是要将不同数据格式和存储方式的信息进行数据转换，尽量以统一的数据格式和交换方式，将分散的、异构性应用系统环境下的数据信息通过网络链接起来，进行数据的传输与交换，实现供应链内外信息的集成共享。

第一，供应链各结点企业的信息集成，必须使整个供应链中大量散布的异构系统的信息能够协调、有序、同步地进行实时交流。

第二，这种信息的集成是系统论的观点。集成过程既有结点企业内部信息的无缝集成，又将企业整个生产经营活动的每个信息采集点纳入企业信息网中，从而有效解决了企业内部的"信息孤岛"问题；更有企业之间的交换信息集成，以达到共享的预定目标。

第三，供应链集成系统提供了信息集成平台，集成的最终目标是在供应链中的企业局部"信息孤岛"之间建立互通联系，达到系统的全局优化和系统总体性能的提高。如果供应链中企业之间的交换信息缺乏集成，即使信息技术应用再广、自动化程度再高，也只能形成一个个"自动化孤岛"。

第四，供应链信息集成的典型方式是在供应链上下游企业之间建立信息网络，使供应链中各结点企业的信息系统彼此相连，实现从供应商、制造商、分销商到最终客户的信息共享与协调，同时实现供应链管理从数据到信息、从信息到知识提取的过程。

2. 供应链信息集成的特点

信息集成技术的目的是使信息需求者不用了解复杂而单调的数据，只需懂得使用相应的用户端软件或者 XML 等标准语言或者标准网络服务，就能对所需的数据进行访问。这样，用户就不需要考虑信息转换、传递等物理实现过程，可以轻松地从信息集成要求的唯一信息源查看信息。一般来讲，信息集成有以下几个特点。

（1）来源唯一性

由于数据的复杂性，应当将各种数据归类处理，并且由一个结点企业、一个部门专人负责输入和校对，不能有重复输入。这样可以保证信息来源的唯一性和输入的准确性，同时做到责任明确。

（2）流速快捷性

供应链管理对信息的及时性与准确性要求很高，在企业内部和企业之间的信息传输和处理上，要求快速而准确，不断更新相关信息，以便于信息的及时使用。

（3）实时响应性

信息流交换过程要求具有实时性和响应性，输入的任何数据均遵循一定的规则存储在共享数据库中，可以随时被授权人员访问与查询。供应链中的管理人员都依据同一信息来源做出决策，这样就可以避免由于信息源差异而产生矛盾。

（4）网络化传递

跨企业的采购、生产、分销以及控制与管理决策使得系统底层处理的信息量大，供应链管理中要求企业能知道相关用户的需求信息，对信息的实时性和响应性要求很高，而它们之间的联系也日益采取网络化的形式传递。

（5）标准化协议

供应链中各企业信息管理的系统软件、应用软件具有异构性，作为共享的信息流就必须转化为标准的格式，按照统一的传输协议来传递与共享。

（6）多路径查询

借助数据库访问技术，根据访问者的需求，管理人员从不同的关键字段，自行给共享数据设置各种查询路径，以便客户根据自己业务的需要来访问和共享信息。比如对产品销售状况的分析，可以根据产品查询，也可以根据客户查询，还可以根据销售渠道查询。灵活的查询操作使得管理者可以方便寻找出问题所在，以寻求应对之策。

总之，供应链上的信息包括可能影响到其他供应链成员行动和表现的任何类型的数据，如需求信息、库存水平、能力计划、生产计划、销售计划等。在理想情况下，这些信息都能被供应链成员实时访问。

（二）供应链信息集成的要求

信息集成必须做到对信息或知识的有效存储、传递、管理和应用。随着市场的全球化，顾客满意度的提高越来越受到供应链管理的重视，供应链管理对信息架构的要求发生了明显变化。因此，供应链信息集成必须具有如下能力。

1.网络互联性

必须实现基于互联网技术，以低成本实现跨企业的供应链信息管理。供应链管理的信息架构必须是在以 TCP/IP 网络协议为基础的互联网应用范围内实施合作和协调。

2. 异构兼容性

供应链要求对地理上分散的系统进行集成，由于不可能要求所有集成对象都使用统一的标准和系统，因此选用的技术必须具有异构兼容性，即供应链信息技术架构必须具有涵盖软硬件及数据格式的异构兼容的特点。

3. 封装与集成

每个企业或多或少都会有一些信息系统，如物料需求计划（MRP）、ERP等，这些信息系统保存了大量珍贵的原始数据，所以新的系统必须能对遗留系统进行封装并集成到新的应用中去。

4. 重构重用性

不管是供应链信息系统还是其他信息系统，系统本身都不可能一成不变，这就要求当业务发生改变时，信息系统应该具有与之相适应的可重用性和可重构性，以最少的资源来满足新的集成要求。

5. 集成难度低

一方面，支撑供应链管理的信息技术架构必须基于广泛的工业标准，实现与维护要简单；另一方面，必须屏蔽实体内部应用的实现逻辑，只关注业务的流程与接口，从而降低实现及维护的复杂性。

6. 商务电子化

将企业的商务活动以电子化形式完成，是低成本解决信息流问题的有效方式。以电子商务为核心，通过集成与协同的方法就容易实现供应链中的信息集成和动态联盟。

总之，现代供应链信息集成的核心策略是根据优势互补的原则建立多企业间的可重构、可重用的动态组织集成方式，以支持供应链的库存管理、运输管理、配送管理、订单管理、物料管理、运营计划等，满足客户需求多样化和个性化，实现反应快速一体化供应链体系的构建。

（三）供应链信息集成的方向

集成信息的可见性，既显著改善了供应的可获得性，又激励了信息共享和业务外包。由于有能力处理任何可以想到的物流职能，基于物联网的企业门户网站集成方案可帮助企业专注于主营业务，同时为企业提供物流过程实施的可见性。

1. 以信息技术为支撑

先进的信息技术使得供应链信息的共享更加便利。国外企业通过应用现代信息技术建立起高效、专业化的供应链，使各企业通过电话、网络以及面对面的接触与顾客保持良好的沟通并建立服务支持渠道，如先进的信息和网络技术使得上游的零件供应商能够及时准确地了解公司所需零件的数量、品种和时间，从而大大减少存货量，有效避免库存风险，降低产品价格。

他们还建立起面向顾客的、安全可靠的平台系统，使顾客能够方便、安全地与企业进行沟通，准确地反映需求信息。优秀的信息平台系统在顾客一进入后就能辨别其身份和需求，从而快速提供个性化的服务，例如亚马逊书店模式。先进的信息技术可以使供应链顺畅连接，形成以顾客为导向的服务链，真正实现客户定制化。

2. 以信息代替库存

通过处理信息来创造价值，这主要体现在用信息代替库存，实现"零库存"。在供应链各环节的改进中，库存水平降低的潜力和带来的价值是最大的。通过电子商务采购平台和定制平台，与供应商及销售终端建立起密切的、以互联网为基础的动态企业联盟，实现企业和供应商、消费者的互动沟通，形成以订单信息流为核心的各子系统之间的无缝连接。

以信息共享为基础，在供应链上进行"连续补货"，实现"零库存"。所谓"连续补货"，是指供应商与零售商之间建立伙伴关系，两者共享零售商的库存数据和销售信息，供应商根据这些信息来对零售商进行补货。在连续补货的环境下，供应商不再是被动地执行销售商的订单，而是主动地为零售商补货或提出建议性的订单。这样可以降低补货成本，提高供货速度和准确性、降低库存水平、提高产品的可获得性，从而为客户提供最佳的服务。

以信息代替库存、以供应链作为库房的思想已经在 DELL、IBM、GE 等许多企业中得到应用。DELL 通过信息共享，以信息代替库存，其全球的平均库存天数降低到 8 天以内，而同期 COMPAQ 的库存天数为 26 天。

3. 与合作伙伴结盟

供应链企业打破传统意义上"制造商"与"供应商"之间的供需配给，适当保持与合作伙伴的实时互动，从而及时得到第一手的供需反馈和需求信息，然后根据客户需求接受订单，再进行以客户需求为导向的采购和产品制造，这样就能够保证按照客户需求提供产品。

这是一个良性循环的过程，合作伙伴的知识、经验、欲望和需求都是企业重要的资源。企业充分共享合作伙伴数据库的信息，与它们开展"头脑风暴"，让其参与自身产品或工作流程的设计与评价，按客户需求组织生产，同时保持库存最小化以节约成本，通过物流赢得最佳时机，并与供应商、销售商、客户服务机构等上下游企业形成战略联盟，其中的核心就是让客户满意。

（四）供应链信息集成模式

从拓扑结构来看，供应链是一个由企业实体构成的网络，这些实体包括工厂、仓库、供应商、运输公司、配送中心、零售商和用户等。其信息集成方案以技术基础设施框架或平台的形式呈现，基于类似枢纽或齿轮的架构，供应链各结点企业之间有一个中央接触点，以便共同改善供应链的可见性和可管理性。这种结构使得新兴的供应链执行应用方案有很强的可扩展性，很容易满足新增合作伙伴的需求和业务增长的需要。

1. 基于局域网的职能信息集成

从 20 世纪 80 年代开始，作为信息处理设备的计算机系统就被引入了企业信息管理领域。早期的计算机系统是集中式的，采用主机—终端模式，数据处理和数据库应用全部集中在主机上，终端没有处理能力，这样，当终端用户增多时，主机负担过重，处理性能就显著下降，造成"处理瓶颈"。我国企业引入计算机管理是在 20 世纪 80 年代末，当时的计算机只作为信息存储和数据处理的设备，信息的采集和交换往往需要采用报表、单据等人工手段进行，在同一职能部门依然存在"信息孤岛"问题。

20 世纪 80 年代以后，文件服务器 / 工作站结构的微机局域网开始流行起来，这种结构把数据库管理系统（DBMS）安装在文件服务器上，而数据处理和应用程序分布在工作站上，文件服务器仅提供对数据的共享访问和文件管理，没有协同处理能力。90 年代初，我国开始大规模进入企业信息管理的局域网时代。局域网模式的信息系统出现，为企业在部门内实现信息集成提供了技术基础。这种方式可充分发挥工作站的处理能力，但容量较小，采用 CSMA/CD 协议造成的网络负担较重，严重时会造成"传输瓶颈"，使运用局域网技术进行信息集成的范围受到较大限制。

2. 基于 Intranet 的内部信息集成

随着网络互联技术的发展，从 20 世纪 90 年代后期开始，TCP/IP 逐渐成为网络间通信的主流协议。与传统应用 IPX/SPX 协议、NetBEUI 协议等的局域网相比，TCP/IP 协议规范了网络上的所有通信设备，尤其是一个主机与另一个主机之间的数据往来格式以及传送方式。TCP/IP 是互联网的基础协议，也是一种电脑数据打包和寻址的标准方法。因此，TCP/IP 可以跨网段、无差错地传送数据。对普通用户来说，并不需要了解网络协议的整个结构，仅需了解 IP 的地址格式，即可与世界各地进行网络通信。

Intranet 是一个组织内部使用互联网技术实现组织各部门间信息访问的内部网络，互联网技术的迅速发展推动了 Intranet 的发展。Intranet 的具体形式就是一个使用 Web 浏览器界面作为信息服务手段的企业集成信息平台。实施 Intranet 的主要目标是让信息的共享不受时间、地点和设备配置的影响。基于此，利用 Intranet 技术建立起来的集成信息平台的主体目标就是使企业员工和合作伙伴能方便地实现对企业信息的共享。其平台具有如下的特点。

①灵活性。Intranet 既可以独立组网，也可以接入 Internet 成为 Internet 的一部分。

②兼容性。Intranet 以 Web 技术为基础，其优点在于协议和技术标准是公开的，可以跨平台组建。Web 的基本模式是服务器 / 浏览器的组合，可以实现信息的双向流动。尤其是 Java 语言的问世使 Web 技术进入了一个以交互式、动态信息服务为主的时代。

③开放性。Intranet 既可将企业内部各自封闭的"信息孤岛"连成一体，实现企业级的信息交流和资源共享；又可方便地接入 Internet，使企业内部网成为

全球信息网的成员，实现世界级信息交流。

④通用性。Intranet 可以使供应链结点企业利用图、文、声、像等各类信息，实现结点企业内外部的事务处理、经营销售和信息发布等企业所需的各种业务管理和信息交换。

⑤简易性。Intranet 采用统一的用户界面，以及诸如 TCP/IP、HTML、Web 等一系列标准的协议和技术，使系统可增量式地构造和扩展、低成本地开发和运营、操作简单以及维护更新方便。

3. 基于因特网的异构系统集成

对 Intranet 应用的进一步扩展，是将企业信息网络与国际互联网对接，所以也可称为 Internet/Intranet 模式。基于 Internet/Intranet 模式的供应链企业管理信息系统，可以使供应链结点企业之间更好地实现信息的组织与集成。在供应链企业的管理信息系统中，高速数据专用线可以将一般结点企业与 Internet 骨干网相连，而路由器可以将结点企业与 Intranet 相连，再由 Intranet 内主机或服务器为其内部各部门提供存取服务。计算机既可以是 Internet 的节点，又可以是 Intranet 的节点，它们之间的范围由服务范围和防火墙来界定。在这种模式中，按照系统的功能范围可以分为以下几个部分。

（1）内部信息交换系统

由于企业的事物处理、信息共享和协同计算都建立在 Intranet 之上，因此 Intranet 已经成为企业管理信息系统的核心，企业与外部交换信息也以 Intranet 组织的信息为基础。故企业在建立了硬件框架之后的关键工作就是要决定在 Intranet 上共享信息的组织形式。如数据库服务器用于存储企业的基础数据和业务处理数据，应用服务器则是 Web 服务器与数据库服务器的中间接口，完成两者的数据交换。这个系统主要由企业部门内独立的个人计算机应用系统组成，主要涉及企业内部所有部门的业务流程。它们所处理的信息是企业内部 Intranet 信息共享的主要对象。

（2）外部信息交换系统

通过 Web 服务器（实现信息交换内容的主要部分），企业利用 Internet 既可以与不同地域的分销商、分支机构、合作伙伴进行信息沟通，实现对重要客户的及时访问与信息收集，又可以实现企业的电子贸易，在网上进行售前、售中、售后服务以及金融交易，这一层的工作主要由企业外部 Internet 信息交换来完成。这样，企业就有必要就规定交换信息的种类、格式和标准与交换对象签订协议。

（3）信息系统的集成

在集成供应链管理环境下，企业需要设立内部系统之间信息交换的数据接口才能实现内部独立的信息处理系统之间的信息交换。以往由于企业各部门的信息系统之间在系统结构、网络通信协议、文件标准等环节不统一而使各部门的信息系统呈现分离的局面。通过 Internet 的"标准化"技术，统一企业各部门的信息系统的结构、通信协议和文件标准等环节，可以更方便、更低成本的方式来集成各类信息系统，将企业内外部信息环境集成为一个统一的平台整体。在基于 Internet/Intranet 实现信息环境的组织与集成以后，供应链企业之间也就形成了一个基于 Internet/Intranet 的集成网络结构。

由于在因特网上通常是通过 Web 服务来实现信息共享和分布式计算的，因而通常情况下是通过一个兼容 HTTP 等标准协议的应用逻辑单元为网络中的其他组件提供数据或服务。这一服务模式打破了以往信息集成需要依赖特定的标准或昂贵的系统集成平台的约束。Web 服务集组件技术和网络技术的优点于一体，借助通用的 Web 协议和数据表示方法（如 HTTP、XML 和 SOAP）进行访问，而不需要通过特定的对象模型。因此，以 TCP/IP 协议为基础的信息集成模式能够实现各种异构平台之间的互操作性。这种对异构平台的信息集成能力也正好满足了供应链流程集成的需求。

三、供应链信息技术

（一）信息编码与标识技术

1.信息编码技术

在供应链运行过程中，每天会产生海量语音、文字、数据等信息，而很多信息无法进行有效收集、存储及使用，因此，需要对供应链上的信息进行编码，以转化成可识读、可存储、可处理的信息。

目前，国际物品编码协会（EAN）负责全球物品编码和推广工作，其前身是欧洲物品编码协会。21 世纪初，美国统一代码委员会（UCC）加入国际物品编码协会。EAN 与 UCC 之间达成了联盟协议，共同开发、维护和管理 EAN·UCC 系统，在我国称为全球统一标识系统（ANCC）。

EAN·UCC 的编码系统包括 6 个部分：

①全球贸易产品与服务代码（Global Trade Item Number，GTIN）。

②系列货运包装箱代码（Serial Shipping Container Code，SSCC）。

③全球参与方及位置码（Global Location Number，GLN）。

④全球可回收资产标识代码（Global Returnable Asset Identifier，GRAI）。

⑤全球单个资产标识代码（Global Individual Asset Identifier，GIAI）。

⑥全球服务关系代码（Global Service Relation Number，GSRN）。

2. 信息标识技术

信息编码技术可以用条码或 RFID（射频识别）标签来表示。

条码是由一组按一定编码规则排列的条、空符号组成的信息，用于表示一定的字符、数字及符号。条码系统是由条码符号设计、制作及扫描阅读组成的自动识别系统。

条码分为一维条码和二维条码。其中一维条码有 Code39 码、Codabar 码、EAN13 码、EAN8 码、中国邮政码、Code39EMs 等 20 多种，国际广泛使用的有 EAN 码、UPC 码、Code39 码、Codebar 码等。EAN 码使用最为广泛，已成为电子数据交换的基础；UPC 码主要在美国和加拿大使用；Code39 码可用数字与字母共同组成，在管理领域应用最广；Codebar 码在血库、图书馆和照相馆等的业务中广泛使用。

（1）EAN 码

EAN 码是由国际物品编码协会制定的一种商品用条码，通用于全世界。EAN 码包含标准版（EAN13）和缩短版（EAN8）两种，标准版表示 13 位数字，又称为 EAN13 码，缩短版表示 8 位数字，又称为 EAN8 码。两种条码的最后一位为校验位，由前面的 12 位或 7 位数字计算得出。我国的通用商品条码与其等效。

EAN 码的符号结构由左侧空白区、起始符、左侧数据符、中间分隔符、右侧数据符、校验符、终止符、右侧空白区八部分组成。

EAN13 码由 13 位数字组成，分别是前缀码（2 ~ 3 位数字组成）、厂商识别代码 [7 ~ 9 位数字组成（含前缀）]、商品项目代码（剩余的 3 ~ 5 位数字）和校验码（最后一位数字，由前 12 位数字计算得到，用于校验）。前缀码由 EAN 统一分配和管理，用于标识 EAN 成员，确保该成员代码在国际范围内的唯一性；厂商识别代码由各国的 EAN 编码组织负责注册分配和管理；商品项目代码由厂商自行编制。

EAN8 码是 EAN13 码的压缩版，由 8 位数字组成，用于包装面积较小的商品。与 EAN13 码相比，EAN8 码没有厂商识别代码，仅有前缀码、商品项目代码和校验码。

（2）Codebar 码

Codebar 码也称库德巴码，可表示数字和字母信息，主要用于医疗卫生、图书情报等领域。

（3）二维条码

虽然一维条码在世界范围内实现了广泛应用，但是其自身存在信息量有限等弊端，在一定程度上限制了其应用范围。基于此，20 世纪 90 年代产生了二维码。二维码除兼备一维条码的功能，还拥有信息量大、可靠性高、保密、防伪性强等优点。

二维码是按一定规律在平面（二维方向上）分布的、黑白相间的、记录数据符号信息的图形，既能存储数字、字母等信息，还能存储汉字、图片等信息。二维码可分为堆叠式 / 行排式二维码和矩阵式二维码，前者由多行短截的一维条码堆叠而成（如 PDF417 码、Code49 码、Codel6K 码等），后者由矩阵的形式组成（如 QR Code 码、Data Matrix 码、Maxi Code 码、Code One 码等）。

同时，基于保密性和防伪性强等特点，二维码被广泛应用于国防、公共安全、交通运输、医疗保健、工业、商业、金融、海关及政府管理等领域。近些年，科技的发展，特别是智能手机的普及，加速了二维码的推广应用，在我国，几乎所有的商业门店、街边摊位都提供移动支付二维码，同时，二维码被大量印制在报纸、杂志、图书、海报、传单、名片上。

（4）电子标签

电子标签也称射频标签，是 RFID 技术的载体。相较于条码，电子标签具有数据存储容量大、读写速度快、安全性高、耐用、感应效果好等优点，同时还可以读写和更新标签内数据，是最有可能完全替代条码的产品。

一个最基本的电子标签系统由三部分组成：

①标签（Tag）：由耦合元件及芯片组成，每个标签具有唯一的电子编码，高容量电子标签有用户可写入的存储空间，附着在物体上，以标识目标对象。

②阅读器（Reader）：读取（有时还可以写人）标签信息的设备，可设计为手持式或固定式。

③天线（Antenna）：在标签和读取器间传递射频信号。

在我国，电子标签已被应用于物流管理、医疗、货物和危险品的追踪管理监控、民航行李包裹管理、证件防伪、路桥的不停车收费、电子门票等方面。

条码技术和电子标签可以有效记录商品信息，借助扫描技术、EDI 技术，转换成数字信息，为高效客户响应（ECR）、快速响应（QR）、VMI 等供应链管理模式的有效实现奠定了基础。

（二）自动识别技术

自动识别技术是指借助计算机、光、机、电、通信等技术和一定的专用设备，将不同类型的信息（如图形、声音、文字等）转换为计算机可识别的数字信息的技术，以便进行数据的存储、分析与处理。它通过一定识别装置，自动获取被识别对象的相关信息，快速、准确地实现海量数据的自动采集和输入，极大地提升了数据采集效率，被广泛应用于运输、仓储、配送等领域。自动识别技术主要包括条码识别技术、射频识别技术、生物识别技术等。

一般来说，自动识别系统由标签、标签生成设备、识读器及计算机等设备组成。其中，标签是信息的载体，识读器可获取标签装载的信息，并自动转换为与计算机兼容的数据模式传入计算机，以实现信息的自动识别及信息系统的自动数据采集。

1. 条码识别技术

条码识别技术是指通过条码识读设备（如条码阅读器、条码扫描枪、条形码扫描器等），利用光学原理，读取条码信息并将内容解码后传输到计算机中的高新技术，具有快速、适时、准确地收集、储存、处理信息的特点，广泛应用于超市、物流快递、图书馆等领域。

2. 视频识别技术

RFID 射频识别是一种非接触式的自动识别技术，通过射频信号自动识别目标对象并获取相关数据，识别工作无须人工干预，可以在各种恶劣环境中进行，并能够同时识别多个高速运动物体，识别距离较大，操作快捷方便。

RFID 系统分为软件和硬件两个部分，由服务器、RFID 读写器、RFID 电子标签构成。其基本工作原理：标签进入磁场后，由电子标签天线接收读写器发出的射频信号，凭借感应电流所获得的能量，发送出存储在芯片中的产品信息（如果标签为 Passive Tag，即无源标签或被动标签），或者主动发送某一频率的信号（如果标签为 Active Tag，即有源标签或主动标签）；读写器读取信息并解码后，送至服务器（中央信息系统）进行有关数据处理。

一般 RFID 软件组件包含 4 个方面：

①边沿接口系统。

②中间件，为实现所采集信息的传递与分发而开发的中间件。

③企业应用接口，为企业前端软件，如设备供应商提供的系统演示软件、驱动软件、接口软件、集成商或者客户自行开发的 RFID 前端操作软件等。

④应用软件，主要指企业后端软件，如后台应用软件、管理信息系统（MIS）软件等。

与条形码等其他技术相比，RFID 的优势在于信息的识别不需要标签和收发器进行可视接触，而是通过阅读器和收发器之间的无线链接完成。收发器适合于恶劣的环境，对潮湿、肮脏和机械影响不敏感；标签褶皱、变形及浸泡不影响信息的识读。因此，RFID 具有较高的可靠性，能够快速获取数据。

基于以上原因，RFID 在出入库检验、拣货、盘点等方面应用广泛，在供应链领域发挥了重要价值。如 TNT 物流部使用 RFID 技术自动记录装载于拖车的货品，确认程序所需时间节省了 24%；将 RFID 标签贴在托盘、包装箱或元器件上，进行元器件规格、序列号等信息的自动存储和传递。

3. 生物识别技术

生物识别技术是利用人类自身生理或行为特征进行身份认定的一种技术。生物特征包括手形、指纹、脸型、虹膜、视网膜、脉搏、耳廓等；行为特征包括签字、声音等。由于人体特征具有不可复制的特性，这一技术的安全性较传统意义上的身份验证机制有很大的提高。目前人们已经发展了虹膜识别技术、视网膜识别技术、面部识别技术、签字识别技术、声音识别技术、指纹识别技术六种生物识别技术。

生物识别技术的基本工作原理：首先对生物特征（指纹、虹膜等）进行取样，提取其唯一的特征并转化成数字代码，将这些数字代码组成特征模板；其次人们同识别系统交互进行身份认证时，识别系统获取其特征并与数据库中的特征模板进行比对，以确定是否匹配，从而决定接受或拒绝。

现代生物识别技术发展早期，因为识别设备昂贵，所以应用领域受到局限。随着微处理器及各种电子元器件成本不断下降、精度逐渐提高，生物识别系统被广泛应用于商业、安防等领域，如门禁、考勤管理、移动支付等的安全认证。目前，指纹机和手形机占有率较高、技术较为成熟，伴随着智能手机的不断普及和更新换代，很多智能手机具备了指纹识别、人脸识别的功能，受益于此，手机解锁、银行登录、移动支付等领域大量使用指纹识别、人脸识别技术。

生物识别技术很大的优势在于其安全性、方便性。人们既不需要记住复杂的密码，也不需要随身携带智能卡、网银等物品，且每个人的生物特征具有唯一性和在一定时期内不变的稳定性，不易伪造和假冒，所以利用生物识别技术进行身份认定安全、可靠、准确。

（三）电子数据交换技术

由于供应链是由上下游企业组成的虚拟联盟，而各个企业拥有独立的信息管理系统，产生的信息受制于格式等问题，汇总的供应链信息无法直接读取和使用，因此，信息的标准化是实现供应链信息管理的前提。

在供应链信息管理中，EDI 技术是公司间计算机与计算机交换商业文件的标准形式。国际标准化组织（ISO）将 EDI 定义为将商业或行政事务处理按照一个公认的标准，形成结构化的事务处理或报文数据格式，从计算机到计算机的电子传输方法。

EDI 通过将不同企业格式千差万别的数据转换成标准文本，再转换成对方企业可读取和使用的数据，极大地解决了由于数据格式不一致带来的无法信息共享的难题。一方面，提高了企业内部的生产效率，降低了运作成本，改善了渠道关系，提高了对客户的响应，缩短了事务处理周期，缩短了订货周期以及降低了不确定性，提高了企业的国际竞争力；另一方面，有效提升了供应链上下游信息交互效率，为信息共享、联合预测及供应链一体化运作提供了可能，优化了供应链整体运作水平，节约了运作成本。EDI 技术的使用可以节省 23% 的库存成本，减少 30% 由于资料错误处理带来的成本，节省 25% 的纸张成本。

第四章

制造业集群供应链网络协同运作创新路径

第一节 制造业集群供应链网络资源协同策略

一、制造业集群供应链网络资源协同策略的时间特征

相较于传统供应链整合的方式，基于网络理论下的链式整合已经摆脱了传统资源流转的桎梏。随着供应链联盟共享模式的建立、云平台的兴起、SaaS 技术的接入，这些为制造业集群供应链网络资源协同提供了最为有效的解决方式以及运作核心。基于资源协同作用下企业供应链响应迅速、反应灵敏，效率得到提升，极大地缩减了时间成本。

（一）供应链网络资源协同的定义

在 20 世纪 70 年代，德国物理学家赫尔曼·哈肯（Hermann Haken）最先提出资源协同的概念，他提出的资源协同是指在同一空间下各个分子或子系统的协调合作的关系，并创立了新自然科学的协同理论学派，为后续有关资源协同的学说开辟了先河。协同是企业通过不断完善自身在面对机遇、培养自身能力以及寻找匹配对象关系来不断探索的一种业务状态，是企业战略施展过程中不可缺少的关键部分。资源协同的有效性，是指建立在资源共享基础上的依托资源主体，各个企业之间互利共生、互利共享的纽带关系而带来的资源效用最大化。企业间良好的资源协同关系能够实现供应链整体价值大于各个主体价值的状态，即 $1+1 > 2$ 的

效果。将供应链各主体的资源协同进行分解，分别通过互补效应与协同效应进行分析，发现只有协同效应能够实现最大效用。

资源协同按不同的制造资源来源进行分类，可以分为硬资源协同以及软资源协同。硬资源指的是企业生产经营过程中的各种设备、硬件设施、厂房，以及各种原材料与物料；软资源指的是企业在生产运营过程中的专业知识、数据、软件服务以及各类脑力生产结果，其包含各类职能机构，如人力资源、行政管理、财务管理、运营管理、服务部门、企业知识库等。企业在生产经营过程中，硬资源协同的情形包括租赁，分为经营租赁与融资租赁；软资源协同的情况包括借调人才、知识共享、搭建数据平台一体化、建立各类职能共享中心，从而提高效率。

（二）供应链网络资源协同的时效性

资源及时性体现在 SaaS 中，软件服务化，相较于服务供应商托管软件的直销模式，SaaS 供应商利用客户租用 Web 软件这一平台提供服务，并进行后期管理与维护，以此收取租金。基于共享模式下的 SaaS 核心技术能够将这一平台上所有租户的数据进行实时共享，也可以用于云端保存，在大数据时代数据量飞速增长的情境下，大多数客户无法本地保存数据，数据上载与传递也存在壁垒，SaaS 技术有效解决了此矛盾。

在 SaaS 核心技术的制造业集群供应链网络资源协同运作模式下，资源的转入与转出相较于传统的供应链产业有着较为明显的提升。在资源的转入方面，企业将内部或者外部资源进行全方面的系统收集，并科学分类。有效将冗余的信息过滤，并识别供应链节点各部分所需要的资源特性，通过数据分析、计算资源的传输质量与传输渠道，进行精准匹配，汇入 SaaS 核心；而在资源的转出方，由各所需供应链节点单位进行主动连接，当接入 SaaS 核心后，通过对任务不断分解，并向核心发出指令，精准获取早已储备在核心 SaaS 共享中心的资源，从而大幅缩短资源传输的时间。

（三）供应链网络资源协同的高效性

提高供应链网络各个主体之间的配合程度、提升企业运作效率，针对供应链网络资源整合与协同能力状况，升级企业协同运作策略，是众多供应链主体提升企业运营的必由之路。下面以船舶供应链网络为例，在船舶供应链中，不仅包含主体与制造主体所形成的生产供应链，还包括制造主体之间所形成的业务供应链。生产供应链与业务供应链完美配合，在纵向上大幅提升制造企业的制造效率，缩短制造周期，实现价值链整体水平飞跃，提高企业的盈利水平；在横向上，将过剩的供应链各主体间的过剩资源重新整合，提高外部服务协同能力，及时足量地满足客户的需求，从而提高企业的竞争能力。

第一，实现传统制造集群性企业从制造型企业转向服务型企业。当前，国内经济环境低迷，出口量减少，船舶行业订单业务远不如从前，供应链转型升级迫在眉睫。通过互联网大数据方式，依托现金的互联网技术与网络科技，突破产业时空界限，整合环境资源，重建能力边界，赋能崭新商业模式与创新空间，将传统订单式生产型企业转变为服务型企业，服务化整个供应链网络各个主体，改进生产模式，专业化促进产业协同合作发展，信息化提高供应链网络各个主体的管理水平，建立健全船舶行业组织管理体系与生态治理体系全新标准，构建生态系统，推进主体发挥核心竞争能力。

第二，实现传统供应链资源统筹优化。在船舶制造行业中，最主要的原材料是钢材，钢材具有需求量庞大、高性价比等特点，是供应链网络各主体资源协同策略实行中最为关键的原材料。要实现造船均衡发展，精准供货是各企业目前最需要的存货管理技术。按时、按量、按规格地满足企业日常生产经营需求，将品种繁杂的钢材进行有序安放、保存以及配送，能够极大地提高企业运作效率。通过供应链网络资源可视化操作，将各个节点企业的信息进行可视化传递，一目了然，可以为核心企业进行科学配置，保障库存物资充足供应，优化企业间供应链物资传递的效率，解决船舶行业造船周期长的问题，提升供应链网络整体效率。

二、制造业集群供应链网络资源协同策略的空间特征

在制造业集群供应链协同策略中，空间特征相较于以往传统供应链有着较大的改变，这集中体现在产业园布局上。新时代下制造业供应链网络协同，不仅依

托于产业园布局，还依托于互联网大数据功能，在资源传递输入与输出的空间方面得到了巨大的提升。

依托互联网大数据，构建 SaaS 云平台核心地位，通过将资源统一配置于核心，解除物理意义上的供应链供需双方的角色障碍及资源与应用的耦合关系，搭建供应链网络，将沟通渠道、交流渠道、资源渠道、交易渠道通过网络辐射向每一个供应链节点单位，使其能够在供应链网络中进行资源的合理交换。供需双方角色不再固定，成员不断变化，借由 SaaS 技术构建的云平台，供应链整体可以依据各单位的不同需求进行资源的动态调配，以达到动态平衡。

基于 SaaS 模式全程供应链网络平台，不但能完善各资源配比使其达到动态平衡，而且能通过共享数据，扁平化企业间沟通层级、提高沟通订货效率。通过 SaaS 技术，构建云平台，联通客户上下游信息沟通渠道，实现内外部流程一体化，信息数据共享协同作用，将销售部门、生产部门、采购部门、运输部门供应链层次空间压缩，形成一个完整的操作系统。供应链各节点部门、企业处在同一平台、同一流程的环节上，通过数据的共享可以实时了解对方需求，减少订单发送延迟，降低缺货成本，实现资源协同发展。

供应链资源协同作用下空间特征体现在以下几个方面。

第一，供应链网络资源协同面向的是全生命周期的供应链企业。在资源协同作用下，相比通过供应、制造与零售三大结构组成的传统供应链，新型资源协同供应链网络涵盖了更加广阔的供应链主体，包含全生命周期，利用智能化、智慧化，打造产品高精尖与服务一体化，从而使供应链网络中各类主体齐聚，产品数量更多、种类更全，供应链资源整合能力更强。从产品论证、仿真设计到加工生产制造，最后到营销售后，利用 SaaS 云平台技术，通过对核心资源的共享与赋能，吸引更多周围企业自主参与，及时协调、主动沟通，快速反映各个主体的制造需求，打造完善生态制造链。

第二，供应链网络资源协同面向的是动态变化的供应链企业。每一个在供应链上的主体通过虚拟封装，进入云上资源池进行系统智能配置，从而能够消除地域限制以及物理障碍所导致的隔阂，通过各个主体间硬件与软件的资源耦合作用，所有主体既可以成为资源的提供者，又可以成为资源的使用者；既能成为服务者，又能成为被服务者。成员主体地位不断变动，根据市场与主体间供需关系进行及时调配，营造一种动态变化、和谐稳定的供应链空间结构特征。

第三，供应链网络资源协同面向的是科学选择的供应链企业。在供应链资源协同配置中，资源应当向反应敏捷、智能化程度高、智慧化程度完善的企业集中优先配置。在供应链网络主体互相服务的过程中，服务成本、服务时间以及服务质量均是考核供应链主体企业科学性的评价指标。对服务灵活、知识积累丰富以及对环境影响较小的企业通过各种算法，如遗传算法、蚁群算法等进行优先排序，筛选科学性配置方案，从而达到供应链整体科学性布局，不断完善空间结构。

第四，供应链网络资源协同面向的是制造资源、知识资源协同的供应链企业。知识作为企业最为重要的资源之一，能够有效推动供应链企业协同发展，并且在整个企业的生命周期中，占据了主要的地位。而制造资源，作为生产制造的优先准备资源，是知识的后续体现。通过大数据技术，利用 SaaS 平台将制造服务的评估环节、审核环节，以及供应链流转的知识流进行闭环处理，不断丰富知识库与案例库，营造一个既完善又高效的供应链知识体系，形成供应链主体成员之间的知识共享。制造资源方面，通过虚拟云制造基地的建设，形成一个中心、多个协作点的产业制造格局，在服务双方的基础上，不断完善生产协同的基本关系，完成最终制造任务，形成完整的生态制造体系，满足客户对于个性化以及大规模生产的需求，大幅提高供应链网络对于资源的整合能力与协同能力。

三、制造业集群供应链网络资源协同策略的时空整合

制造业集群供应链网络资源协同策略的时空整合方式归根结底还是知识的整合。知识是企业的重要资源之一，企业通过搭建供应链网络，形成制造业知识的积累与传播，不断缩短服务时间，提高服务质量，减少相应成本。在知识流的迅速传输下，供应链节点企业实现专业化制造与集约化制造的统一结合，成员之间按需付费，即用即付，使得协同关系处在更加有弹性的状态。

现阶段制造业集群的供应链资源协同方式主要有以下两个方面的路径。首

先，从资源配置的角度出发，建立一套一体化资源整合系统，利用先进的科学算法，对制造业集群供应链网络中各节点企业所需要的各项资源进行识别与分析，精准定位每个企业的资源需求。建立健全制造业资源多目标线性规划模型，将不同的资源需求进行整合优化，求解出最佳配置方案。其次，通过对供应链网络各个节点企业的供需关系进行分析，使用博弈论的模型方法，对各企业测算最佳的解决策略。将企业的生产经营重心放在与各个节点企业的非静态博弈中，使之形成一种良好的整体模型，完成动态平衡。

而基于 SaaS 技术构造下的云平台，不断为企业进行资源整合、流程优化、信息传递赋能。通过 SaaS 平台的搭建，实现了供应链网络资源协同策略时空整合。在时间上，减少信息传递延迟，精准订货、及时供应等一系列功能都能在极大程度上减少时间成本。在空间上，SaaS 技术利用云平台的方式将供应链上、中、下游三方进行重新整合，压缩层次，使其归于同一层面，能够及时响应，空间更加扁平、易于沟通处理。在时空整合上，由以上两个方面共同作用，用户无须进行部署，无须事先预定，无须等待下游订单，有利于建立健全资源转移机制，减少资源流转浪费，提高资源使用效率，从而加快企业传递速率，缩短时间，压低空间层次；建立健全云平台资源共享机制，扁平的空间层次为企业沟通提供了更加便利的空间结构，并且能够进行多企业同时在线处理业务，大大提高了资源使用的效率。在时间和空间的共同作用下，利用 SaaS 平台的便利性、易用性以及及时性，为解决企业生产经营决策，提供了强有力的一站式解决方案。

第二节　制造业集群供应链网络流程与技术协同策略

一、制造业集群供应链网络流程协同策略

供应链网络流程指的是企业各项资源与信息通过供应链网络进行传递的过

程，在传统供应链理论下，供应链网络各节点主要有供应商、生产商、分销商、零售商以及终端用户；而在制造业集群供应链网络流程中，除去传统供应链节点的各项节点单位，新增核心信息共享平台。

（一）提高信息传递效率

信息作为企业与企业间沟通的媒介，传递的质量与速度均会对企业间，甚至供应链整体产生较大的影响。不断加快信息的传递速度、减小信息丢失的概率、完善信息传输质量、及时反馈，都有助于企业间协同运作，大大提高供应链运作效率。上游合作企业与下游合作企业通过竞合的方式，构建信息传递通道一体化机制，搭建即时通信网络，提高信息传递效率。

1.打造供应链网络共享流程体系

供应商信息流的共享流程。供应商通过对产品、质量以及生产等一系列信息进行整合，上传至共享中心，通过 SaaS 核心技术进行信息共享，精准匹配至各生产商。除此之外，供应商的研发、技术合作等信息依旧可以通过共享平台向生产商提供。各个供应商的需求将会被及时反映，并传递至上游的供应商进行配货发送，整个过程标准化进行，极大提高了效率。

供应链网络共享流程体系的建立，有利于完善供应链管理机制，培养产业集群集约型成长能力，不断发掘企业增长动力与技术进步，提高管理者管理水平，提高管理效率。建立健全共享流程集约化，将核心企业摆放在供应链网络中心以及关键位置，在集群投入资源一定的情况下，优先发展核心企业、关键企业，避免采用以往一味增大投入从而实现企业高水平发展的运营方式。利用现有成本，通过网络服务、技术改造、流程更新等措施，不断提升供应链管理水平，提高供应链网络流程协同效率，完善协同机制，从而加强供应链上下游之间战略合作的紧密程度。

2.提高分销商信息传递效率

对于分销商来说，产品堆积会导致分销商运作效率降低，这是拉低净利润的关键因素。供应链网络流程协同作用，通过核心平台的信息传递，分销商可以第一时间了解上游的生产进度以及技术改进方式和方向，及时调整销售政策以及营销策略，从而为终端使用者更新信息并提供切实可行的购买决策。

通过供应商与采购方的沟通与合作，建立健全经济批量采购机制，引入 JIT 制度、长期供销存运转制度，建立分销网络数据回传可视化体系，及时有效掌握各分销商采购与销售情况，进行横向对比。针对核心企业周边位置的分销商，运用现代供应链网络管理制度，建立分销商与核心供应商信息传递互通机制，利用数据网络中心数据赋能，推动供应链网络数据共享，信息互通，为终端决策提供依据。

3.精确终端市场服务需求

从供应链网络各主体间维度出发，通过对货物出品、成色加工、包装销售以及最终产品的全流程管控，提高供应链网络自身的契合度与适应性，通过对终端市场服务需求的精细化分析，得到终端潜在市场。对于上游企业来说，降低物流过程中的物资破损比率相比下游企业来说更为重要。上游企业往往承担着较大的商誉违约风险，特别是在买方市场的前提下，物资破损对于上游企业的商业信誉有着不可估量的负面影响。因此，企业要在衡量上下游终端消费市场的利益关系后，建立健全客户需求模型，建立服务信誉。

除此之外，企业文化也是物流管理流程优化的关键因素。良好的企业文化能够形成供应链网络文化体系，有利于供应链各主体间形成默契联系，减少沟通成本与交易成本，增加运转效率。同时，充分利用各核心企业间物流资源的调配机制，促进企业间资源互补，形成服务质量控制一体性、终端市场链接及时性，不断加强服务质量。

4.优化供应链网络主体对接方案

第一，完善供应链网络核心企业发货与各服务商之间的对接体系。建立健全物流管理流程体系，加强上下游企业流程协同对接联系，增强数据互信与业务互通，积极打造数据连接可视化系统，及时反映各发包方对接情况；积极推进线上信息交流互通机制，打通线上线下一体化对接渠道，满足不同客户对于物流服务的本质需求，从而大幅提高供应链网络主体运作效率。

第二，完善供应链各主体间货物流转对接体系建设。供应链各企业间次要主体的对接沟通机制是供应链流程协同的实际运行对象，是整个供应链网络的命脉所在。各服务商、供应链网络上下游企业以及终端客户需求之间的对接服务，不仅对于每个企业有着至关重要的意义，对于整个供应链网络运行也同样重要。通过大数据时代下信息科技技术，利用 SaaS 平台数据共享流程、共享体系建设优势，搭建数据信息交互平台，完善线下供应链网络主体在线自助操作模式，增强物流管理流程优化程度，从而不断提升管理水平，提高资源的使用效率。

（二）稳固核心关键地位

核心企业通过在供应链网络中的关键节点进行授权访问，能够明细各企业在供应链中的位置，明确各企业在供应链网络中的责任，以及区分各企业的等级。针对不同等级、不同需求的各项企业，有针对性地进行资源分配，避免出现供应链网络资源冗余，从而拉低供应链整体流程协同运作效率。

1. 控制作用

核心企业是供应链整体的"节拍器"，通过对供应链各节点企业资源、信息以及需求的掌握，有的放矢，实时传输与供应链网络有关的各项信息，并开通核心共享平台的权限，使得需求节点能够准确接收。

通过物流企业的通力合作，构建物流企业互补性资源补充机制，提高流程运转效率，构建物流企业主导的流程协同机制，使得核心企业获得独一无二的优势地位。整合物流过程中的运输、仓储、流通以及加工等必要节点，提高企业附加价值，保证产品具有较强竞争力；在小批量生产方面，完善个性化生产方式，核心企业运用对周边的控制机制，能够及时补充个性化生产的各项配套材料和技术，及时补充人才储备和专业设施，抓住小批量生产机会，提高企业自身竞争力。

2. 参照标准

供应链网络的核心企业将自身数据上传至云共享平台，给各节点企业提供相应业务流程的处理模式，增强供应链整体的学习能力。通过模仿，逐步形成统一，有效提高供应链整体的运行效率与运行质量。供应链节点核心企业通过与各网络节点企业签署合作协议，进行流程互通，利用企业管理工具优化企业人员的沟通机制，加快生产制造信息的传输速度，优化协同合作机制，提高供应链网络整体控制力。

通过对区块链技术的合理利用，建立健全区块链信息共享系统，标准化供应链各主体生产经营过程，整合各部分数据信息，提升信息化流程协同管理水平，达到去中心化、标准化、流程化管控效果。具体来说可以分为3个层次。

第一，数据层面的流程协同作用。通过对供应商、制造商以及销售商的给予区块链信息技术的供应链信息协同管理系统进行搭建，构建流程协同传递体系，将采购订单、审核物料、采购信息以及下游需求信息进行整合，会同制造商生产、产品以及库存信息，达到供应商与制造商流程信息协同整合，互利互通；制造商与销售商方面，制造商发出产品相关信息，销售商将客户需求、产品销售以及需求预测等数据通过供应链网络信息流程协同管理系统进行传递，通过整合信息达到数据层面的信息互联互通。

第二，核心层面的流程协同作用。通过对各个供应链网络主体的数据信息进行采集、分析、整合、二次下达等一系列自动化任务，对数据进行精细化处理，分包包装。在采购信息、库存信息、物流信息等分类的前提下，针对不同供应链网络主体的需求进行数据下达和发放，做到随要随发、随发随用，大幅提升了核心层次供应链网络主体企业的运转效率，降低了沟通成本。

第三，应用层面的流程协同作用。通过对数据层、核心层数据的清洗和精准化处理，在应用层数据方面能够为各个主体的各项具体流程业务提供搭建的底层数据资料和基础。建立健全去中心化数据共享系统、库存自动化管理、信息追踪智能化、需求可靠预测以及生产计划科学预订等一系列数据驱动的智慧化供应链网络流程协同体系，利用大数据时代科技赋能企业管理，从而建立高水平、高安全、高协同、高保障的供应链流程协同系统。

以实体企业物流传递为例，在传统制造业企业运行过程中，物流信息作为流程管理的重要标的，包含配送、订单处理以及存货管理等一系列企业生产经营协作的重要信息。传统企业节点企业物流信息传递过程效率较慢，滞后性强，准确性低。传统的链式反应，即收到需求信息—发起提货订单—司机提货—业务运货—仓库入库—车辆出发及调配以及司机运货等物流流转方式单调陈旧，环环相扣，如果有一个环节出现停滞将会对整个流程造成较大影响；利用区块链技术优化流程之后，各个模块被分别打包，通过数据信息实时共享，每个模块都能够完整了解到上一个模块以及下一个模块的生产运行状态，从而合理调配自身模块的运作节奏和效率，以适应整体环境，这样大大节约了时间以及成本。

二、制造业集群供应链网络技术协同策略

制造业集群供应链网络技术是新时代下供应链技术的核心，供应链整体的高效运转正是依托于技术的稳定实施与更新。大数据时代，利用先进的信息技术手段，对供应链各节点企业上传的数据进行识别、分类、统计、分析以及预测，再通过核心云平台企业进行数据返回，使得各节点单位能够高效准确地接收最新的数据，进行科学有利的生产运行决策。

（一）积极推动供应链网络平台建设

全新的供应链产业系统升级换代，制造业核心企业在考虑生产供货条件的情况下，将供应链服务于市场、财务、人力、运营、工程、生产、运输等一系列生产运作职能部门中，建立起融合生产、供货、财务等职能的功能，以及能够自动化批量处理订单的集成系统，从而解决信息化过程中的难题。

供应链网络技术协同的主要核心在于平台，生命在于数据，身躯在于网络架构，只有三位一体共同作用于整个制造业集群网络中，共同发挥协同作用，才能使各家企业技术实现同步运转。不仅如此，技术的更新与研发进度，也能在供应链整体运行中进行动态监督与跟进。上游企业通过数据的返回能够清楚地了解到供应链核心企业的生产进度与研发程度，从而合理地进行供货配置，并及时调整自身研发的相关进度；而供应链下游企业的采购项目、采购订单以及采购流程更新等数据，也可以通过 SaaS 技术的协同作用，传递至供应链网络有需要的节点单位进行信息共享、技术共享，从而提升供应链整体运作效率。要做到网络平台

下的供应链技术协同，有以下几点需要建设。

第一，建立健全供应商上游技术协同机制。通过对上游供应链各节点企业，特别是物流服务商所需的物流信息、商品信息、质量信息以及生产商的订单信息的收集整理，形成生产配送研发一体化进程制度，不断完善上游供应链技术协同，同步技术信息，达到生产研发协同发展。

第二，建立健全生产商节点技术协同机制。与之对应，在得到供应商的信息之后，为了充分发挥反馈作用，更新库存信息以及生产计划以便配合供应商行动，可以通过技术协同作用，共享技术发展红利与成果，帮助、配合供应商进行上游物料改进，在不泄露商业机密的前提下，公开新工艺、新技术，以使整体供应链网络技术协同发展。

第三，建立健全分销零售下游技术协同机制。通过对下游客户的信息收集与整理，利用大数据处理技术，全面分析用户"画像"，了解用户需求，建立各分销渠道技术连接机制，同步提供技术支持服务，更好上载数据收集结果，提供全面而精准的服务。利用分散的、数量庞大的库存优势，积极推进数据挖掘、数据储存以及数据分析的功能和作用，为上游生产商提供产品在途运输情况、物流线路情况、车辆使用情况，以及道路安全等相关物流配送信息，加快物流运输速度，提供高效运转模式。

（二）全力打造供应链核心技术共享

制造业集群供应链网络相比传统供应链运作的特殊之处在于其具有网络特性，网络特性使得供应链的信息、资源以及技术传递能够极大地保持质量，信息的失真度较小。在供应链技术共享中，核心供应链的技术更新，将技术的更新要点、更新时间以及更新后带来的影响，通过云平台进行及时共享，辐射供应链网络各支流节点企业；云平台共享中心通过对技术的识别以及分类进行合理分析，对下游企业精准投递与传输，大大加强了供应链网络技术的传递效率与速度。

首先，技术的协同离不开资源的流转。建立健全资源传递通道，有效搭建沟通机制，是供应链技术协同运作的核心。例如，搭建起节点企业间的长效沟通机制，通过定期会晤、知识交流、技能培训、共享信息等一系列举措，加强节点企业的关联度，深化企业间的沟通与合作，从而达到供应链技术协同运作效率的最大化。

其次，技术的协同离不开知识的更迭。知识作为企业无形资源的重要组成部分，是技术更新迭代的动力与支撑。要加快引进高新技术人才，加大对核心技术的研发投入，并建立健全供应链网络整体研发共享机制，形成众筹研发、众人获利的共享局面，提升供应链网络整体研发能力和研发程度，争取在市场中形成竞争壁垒，提高企业的战略竞争能力。建立健全全面的人才培养体系以及培养人才战略意识，积极主动地挽留优秀人才，特别是在科学技术领域有着突出贡献的科技人才，以及在商业中有着丰富经验的管理人才。知识基础的宽度与深度往往决定着企业在面对调整和挑战时应对风险的能力。在人才招聘、人才培养、人才选拔等方面建立大数据共享中心，共享行业顶尖人才数据库，分享知识储备能力，构建供应链网络人才交流一体化制度体系，使得人才能够在各个主体间更加高效率地发挥自身优势，为企业提供更好的智力服务。

最后，通过对云平台上下游数据模型的分析，成立独立于供应链网络中，具有中心、核心地位的加工中心，负责供应链网络各主体间数据加工、收集、整合、分析以及运算工作。一方面能够保证各个主体的灵活配置，减轻数据分析压力，降低搭建数据建模中心的成本；另一方面，在协调供应链整体技术共享上，云平台的搭建能够对整体灵活性起到领袖牵头作用，化解各个主体技术方面的矛盾，提供整体构建思路，对供应链网络整体进行统筹把控、分层管理，实现效率最大化。

由此所搭建的供应链网络平台与核心技术建设，通过数据对于 SaaS 的上载与收集，在平台中运用信息技术进行加工分析与整理，并将得到的信息下发到供应链各个核心主体中；核心主体对数据以及信息进行二次分析，在主体间通过沟通、协调、分享等一系列方式，共享数据信息，并针对自身情况和业务能力进行及时反馈，以供 SaaS 云平台学习，增强供应链整体效率。同样地，由核心主体所设立的新的数据中心，依然能够继续下发数据信息包于次要核心企业，再次通过次要企业之间的配置，利用集成式共享平台中心提供的数据和信息支援，形成共享源，以此促进供应链网络各主体间的协调发展。

三、不断完善供应链智慧网络建设

供应链网络技术协同运作策略的核心在于数据，如何建设供应链智慧指挥系统是企业需要面对的重点问题。通过可视化与 AI 处理，将各供应链节点的运作进行整合，进行精细化分析。建立供应链网络预测模型与决策模型，通过对核心企业的大数据精细分析，核心企业能够了解供应链节点管理者对于数据信息与市场需求状态的把握程度。

在供应链智慧建设的道路上，我们并非没有可以学习的先进企业，沃尔玛就是数据驱动的供应链运作的典型代表。在沃尔玛的中央数据系统建设完毕之后，通过对卫星数据的连接，将全世界各地门店的经营情况、订单数量、商品销售量、存货储备量以及相应的营销数据等各类信息进行收集、识别、统计与分析，所需时间不会超过 1 小时，并及时反馈至各门店进行补货。而亚马逊是以技术为驱动的典型代表企业，亚马逊在近些年的发展过程中不断在人工智能、大数据以及云计算等领域投入大量的资本，并最终将成熟的技术手段运用至供应链管理过程中来。

供应链网络协同作用的关键在于各供应链节点的积极协作，在新零售时代下，数据、技术以及人才逐渐成为企业突破旧时代桎梏，为新技术研发与应用提供充足资源的有效支持。形成智慧供应链，可以从以下 3 个方面进行把握：供应链可视化、供应链 AI 化以及供应链智慧指挥系统。

供应链可视化将供应链各类库存数据、营销数据、品类数据以及价格数据等以可视化的方式通过互联网直接提供给终端使用者。同时，将采购、开发、营销与物流等不同的供应链环节进行有效连接，将信息进行共享，提高供应链的响应能力。而依托云核心平台的大数据计算能力，可以促进供应端与需求端的有效对接；在建设好供应链可视化基础的前提下，根据自身战略的规划，降低库存的同时不断完善自身的服务体系。

供应链 AI 化将供应链在各类企业的数据，包括商品数据、库存数据、市场数据以及消费者数据等方面进行深度分析，并探测供应链网络整体环境，进行数据建模，预测市场发展的趋势。供应链 AI 化存在两种模型，即预测模型与决策模型。预测模型是指在有大量数据基础的前提下，通过大数据科学算法，推测市场变化趋势，从而调整供应链各节点运营状况；决策模型是根据算法与运筹模型，结合企业具体经营场景，为决策者决策提供参考。

供应链智慧指挥系统是指发挥供应链网络中核心企业在整个网络协同作用中的协同统一调度作用，并建立起一套依托云计算平台共享资源的办法解决机制。在供应链网络中不同企业的不同业务，对应着供应链智慧指挥系统的不同功能。各节点单位将企业日常经营过程中的各项数据，包括供应商的供货情况、自身商品存储情况、发货情况、销售情况、订单完成情况以及退货情况等，上传至中心并通过大数据系统分析，为企业决策提供精细化参考。

第三节   制造业集群供应链网络物流协同策略

一、构造供应链网络整体布局

供应链网络整体可以区分为 3 个不同的结构类型：水平结构、垂直结构以及核心定位。这 3 个供应链网络结构可以看作从不同的角度去看待整条供应链。水平结构是从传递的角度去看待，垂直结构是从协同的角度去看待，核心定位是站在共享的角度去看待。

（一）构建供应链网络水平结构

作为供应链的整体的各个节点，应当共同努力搭建完善的供应链网络水平结构的传递机制，以达到将供应商、运输商、仓储、发货、配送以及终端用户等供应链水平的企业有效整合的目的。利用大数据的云计算分析，将信息转化为数据进行储存传递，建立自动识别机制，各企业自动识别信息，做到精准投放。

以装备制造业为例，传统制造业集群产业的供应链网络关系中包含着社会关系与经济关系两种模式。通过有序竞合的经营运作模式，在供应链企业中逐渐衍生出链条模式的供应链技术协同策略。在链条状的水平结构中，装备制造业以核心制造企业为中心，向上衍生出直接配套企业与二级衍生配套企业，向下衍生出服务企业以及最终客户。通过建立健全物流上的合作机制，由二级配套企业通过对下级反馈的物流信息进行提前预判与分析，将所需物资和物料运输直接配套给企业，再由核心制造企业传递给服务企业，服务企业将物资物料精准传递给最终客户。由此形成在水平层面的高效率、高周转的物流传递模式，利用大数据分析能力以及核心企业的独特地位，搭建及时有效的供应链网络水平导向平台。

（二）构建供应链网络垂直结构

构建供应链网络垂直结构，做到垂直结构各节点协同互助，搭建协调平台，将供应链节点企业与协调平台对接，优化流程，对物流相关资源的流动与配置进行增进。首先是针对各企业节点内部的系统信息流程运作进行优化建设，并通过供应链网络共享信息协同平台，与网络中企业进行库存与资源的共享共用，并同步至各运输企业，进行精准配送，多快好省。其次，将资源与流程的变动推送至终端客户，做到供应链上游信息同步整理至客户，实现与客户的信息交互共享以及及时反馈。

同时，在物流园区中，建立健全工作协调机制与互惠信任机制，通过对园区供应链网络主体间战略合作伙伴关系进行深入挖掘，保障园区的物流信息、技术信息、数据信息、生态信息协同，完成供应链网络整体智慧化建设、智能化铺设、智造化运作，通过建立健全信任机制，建立垂直结构下从上游到下游的契约型信任伙伴方式，努力营造和谐的伙伴关系，建立法律法规、互信互利以及商业利益三重保护，打造良好的供应链网络闭环生态。

第一，建立良好的激励机制。良好的激励机制能够在供应链网络各主体内部进行正向反馈激励，鼓励企业员工努力工作，提高效率，勇于创新，积极解决供应链网络中遇到的各类问题。通过对激励等级进行分工，明确各类型工作对于供应链物流协同的价值贡献，从技术和效率两个层次分析供应链主体间物流传递的效率，精细化物流信息协同、物流资源协同、物流路径协同，形成有效推进方式，提高企业运转效率。

第二，建立良好的工作协调组织。通过对供应链网络物流协同平台的搭建，为供应链整体提供资源整合，提供一站式服务的良好物流体验，将多快好省执行到实处，实现各项业务的整合与资源匹配，打造物流园区与下游客户企业良性互动新局面。通过对重点核心企业的培养与资源倾斜，引进国家资本对整体供应链网络进行升级改造，依托有利物流企业发展的政策环境，打造属于供应链闭环自我发展的物流体系，建立自己的物流企业，实现精准配送，不断提升供应链网络物流配送能力，实现多企业同时协作配送服务，形成物流网络，达到资源整合利用的最大化水平，不断加深供应链企业与物流企业之间的良性互动状态，实现共同发展。

（三）明确供应链网络核心定位

根据上文所述，实现供应链网络整体布局优化，首先，应当建立起核心工作协调组织结构，可以由政府有关职能部门牵头发起，借由政府的公信背书，建立资源整合的信息协同平台，搭建核心共享机制。其次，建立健全供应链网络节点企业合作共享信任机制，建立一种长期有效的信任机制，这对于企业间进行战略合作、达成战略合作伙伴关系具有关键作用，从而增强供应链的信息协同程度以及对于外界信息的敏感程度，有利于提高供应链整体的市场竞争力。最后，在核心定位方面，供应链整体应当建立起信任机制与激励机制，从而鼓励核心企业在供应链网络物流协同过程中起到核心的关键作用。除此之外，建立起以核心企业为主体的利益分配机制和信息协同机制。由供应链核心企业负责牵头，通过搭建上下游子公司，实行信息协同管理，保证供应链整体的利益最大化，实现"一家执行、大家监督"的利益分配机制，从而避免"多头并起"导致的利益冲突、集权利益，给供应链整体带来损害。

二、搭建云仓储与云物流模式

基于阿里巴巴强大的数据基础与信息平台建设能力，在搭建电商供应链网络协同运作平台的同时，通过云仓储与云物流的有效整合，电商物流的效率大大提高。

（一）云仓储与云物流的内涵

云仓储是指建立在全国各个省、市、地、县的仓储网络，利用大数据、云计算等高科技，通过对数据的整合、分析、分类，将物流进行链接，并对不同时刻、不同地域、不同商品的物流需求进行预测、挑拣、配送，实现仓储发货极速化、高效化、零延迟。云物流指的是通过建立合理云上物流运作平台，利用数据快捷传输的功能和技术，将客户可能下单或者有意向下单的商品优先配送，及时进行配送前打包处理，并通过 SaaS 及时反馈给供应链网络各平台企业，实时跟踪物流信息，大幅提高运作效率的一种物流模式。

近年来，云仓储与云物流发展得到了快速推进，取得了长足进步，而实现云仓储与云物流的关键在于实现供应链网络云仓的建设，并实现网络内仓库商品的合理分配，而这些往往依靠大数据提供的坚实基础和强力算法得以实现。

我国云仓可分为以下几种类型。

1.3PL 单仓或少仓的布局

传统的云仓布局在于以量取胜，各供应链网络核心物流企业在全国各个地市布局大大小小的单独仓位，虽然仓数众多但往往是独立核算、独立经营的个体，彼此之间毫无联系。仓库之间无法取得联系，无法做到资源共享、信息整合、数据整理、数据分析以及信息反馈，因而在物流协同方面、提高运转速度效率方面往往相对于其他云仓有着较大的劣势。

2.3PL 大规模仓储系统

相较于传统单仓和少仓的分布，首先，大规模 3PL 仓储系统在数据传输和协同性上有了长足的进步，它们在仓库间实现了数据的互联互通，并通过吸收消费者数据，反馈至对应供应链网络各主体，进一步缩短了工厂产品与消费者的距离，实现了减少物流成本、提高物流效率的最终目标。其次，3PL 大规模仓储系统拥有较大规模的占地面积以及非常完善的非人工操作系统，对于物流企业的运转效率有着较快的处理能力，业内如顺丰云仓、苏宁云仓，通过对物流企业的自动化操作，达到效率提升 50%，实现即收即发。

3. 全国性大型云仓布局

首先，菜鸟、京东在大型云仓储布局方面，利用独特自主的大数据分析能力，根据数据分析的结果分配库存商品，完善商品的挑拣分类配比自动化过程，根据货主信息，实现全网分配，合理安排，统一管理。全国大型云仓储布局，建立华中、华北、华南、华东、华西五个方向特大型仓储运输机构，实现供应链网络核心物流企业布局，不断完善上游企业货物补给、资源集中以及管理配合，并且通过大数据分析和预测，提前合理配置资源，大大缩短物流配送时间以及降低成本，减少损耗，实现物流高效率运转。全国大型云仓布局利用云仓平台的专业化分工与合作，实现数据系统自动配货，供应链供应企业自动发货，物流自动适配，使得消费者与商品的距离更近一点。其次，在利用社会中小企业电商运营方面，大型仓储平台通过建立健全共享平台运营机制，建立全国性仓储配套服务系统，使用科技管理服务，利用管理控制信息传递，搭建仓储网络，完成就近拣货、就近发货。

（二）云仓储与云物流的实现方式与价值

云仓储与云物流模式在我国得到了大力实现，并越来越成为物流企业转型的实施目标，主要体现在以下几个方面。

1. 整合资源，实现资源共享

供应链网络通过建设多种先进的物流技术设备以及大数据新兴互联网技术，对数据进行整合利用，并进行共享。在数据分析和整理过程中，不断精细化供应链核心物流的学习能力以及对于客户端的描绘画像，获取充分详细的市场信息，开展精确化业务布局，提高服务质量与效率。在资金消耗方面，往往由于不同主体、不同地域甚至不同国家对于物流开展的政策和条例各不相同，中间环节通常情况下会消耗大量的人力成本和资金成本。通过大数据平台建设云物流服务体系，可以了解各地域与各国通关策略，提高清关效率，并在适当的时候进行清关服务，提高物流核心企业的附带价值，提升供应链网络物流协同效率。

2. 强化物流路径，减少中间环节，降低成本

市场信息不对称、技术壁垒以及云计算云物流管理平台的操作能力均是供应链网络物流协同中不可避免的困难与阻碍。一方面，市场信息的不对称导致供应链各主体之间对客户群的描绘不够精准精细，通过建立健全资源共享平台、云物流运营平台，可以降低企业运行成本，减轻企业负担。另一方面，突破技术壁垒，利用大数据、云计算等数据分析技术，建立物联网协同合作机制，优化物流企业的配送路线以及配送效率，加快云物流基础平台建设进度，增进供应链网络管理平台管理水平，减少空载率、降低闲置率，达到强化路径、降低成本的效果。

3. 扩展业务范围，提高供应链网络核心物流企业增值服务

通过云物流平台的资源整合能力以及管理平台操作能力，利用大数据分析技术细分客户需求，利用第四方企业提供物流增值服务，提高企业价值，构建物流协同运输体系，提供物流企业之外的其他增值服务，转变物流企业为服务企业，以服务为导向，链接供应链网络各主体与客户端。

在实现供应链网络云仓储、云物流模式中，如何在具体实际操作中运行，是至关重要的部分。以阿里菜鸟物流为例进行分析，在阿里的菜鸟物流运输体系中，仓库与核心买家之间通过云核心进行联系，在物流运输方面通过外包和就近拣货的方式高效运行。

首先，做到实体分仓。实体分仓就是根据消费者的分布，对互联网零售企业的仓储地点进行提前布局，将商家的货物提前运输至指定的仓储地点，从而在电商系统中遇到消费者的订单后可以及时地从距离消费者最近的仓储地点发货，缩短运输时间，提高物流配送效率。国内众多物流运输平台均设立了不同程度大小的分仓仓位。例如，京东在华中和华南均设立了较大的全国性集散仓位；顺丰与大型电商达成战略合作协议，在全国通过网络与信息化设立，建立全国性大型分仓与地级城市分仓模式，建立信息、仓储、主线、次线一体化配置，实现多种仓位融合发展。

其次，通过对社会物流资源的整合，将各信息数据进行整体归总至云仓储的云平台，构建社会化仓储服务平台，为供应链网络各节点企业，包括商家、平

台、运输企业以及消费者带来了长期的便利。通过建立云中心平台，积极收集各供应链主体生产经营信息以及订单情况，上载下游客户基础信息、行为偏好、订单程度等一系列信息并进行分析，提高产业链协同运作效率。

最后，搭建起云物流运输模式，依托大规模的数据分析以及信息资源的共享整合，将数据、信息、资源进行整合再分配，使得企业与客户联结在一起，通过自营加盟的方式，精准分配运输任务，提高物流运输效率与速度。使用外包的运输模式，使得物流模块能够在整个供应链网络中处于核心地位，对整个产业的完善以及突破物流的发展瓶颈，具有积极作用。在建立外包分配单位方面，利用互联网第三方快速运输、及时响应的作用，积极建立网络仓库、中央联络枢纽等组织机构。中央联络枢纽负责信息的收集、整合、管理、使用以及资源分配，网络仓库通过互联网络技术实时传递客户信息以及下游接收方信息，运行自动化流水线配送平台，就地拣货，在动态拣货动态分配的情况下实行精准化操作，大大降低了企业运行成本，提高了物流协同配送效率。

第四节　制造业集群供应链网络信息与创新协同策略

在制造业集群供应链网络管理中，协同的根本之处在于协调供应链上各个子部分的关系，包括资源、流程、技术以及信息。而信息的协同作用，又是供应链网络协同中最为关键的一环。

一、传统制造业供应链信息传递局限

（一）成本方面

传统供应链网络各节点的经济实力参差不齐，在不同层次上各个节点对供应链系统的投入不尽相同，从而导致信息的传输并不匹配，而后期基于互联网的信息集成系统的统一部署也无法圆满完成，产生了更高的维护成本以及培训费用；同时，存在供应链网络各主体间信息传递的安全性问题，例如对客户机密信息的泄露，对各主体之间机密的泄露，都对各方信用成本造成了不小的影响。传统供应链信息协同由于人工操作较多，网络设备以及网络技术使用不够完善，网络安全技术需要投入较高的维护和开发费用，特别是利用多个设备管理器与服务器进行数据传输的传统产业，维护起来更是难上加难。由此看来，传统供应链信息协同过程中，成本因素是巨大的影响因素之一。

（二）质量方面

传统供应链的抗风险能力相对来说也较为低下，由于缺少供应链信息系统部署的一致性，其被网络攻击的风险大大增加。在数据方面，还停留在大面积的人工处理层次，导致数据产生了严重的滞后性，不利于信息的实时共享，对制造业集群供应链信息协同作用效应并不显著；在物流信息系统建设方面，传统供应链网络信息系统局限性较多，无法进行全程跟踪、实时监控；在管理水平方面，传统供应链的人工管理方式落后、不及时，且效率较差，相比于全自动化的机器运作，在运行效率、组织模式，以及物流功能方面均有着较大的落差；在物流服务方面、传统供应链网络信息协同方面，物流企业仅仅提供物流配送服务，而各主体信息均不具备协同、共享、共生的条件。地缘限制、资金成本过高以及产业结构僵化、保护主义等因素都对此有着较大的阻碍。

（三）过程方面

传统供应链存在协同过程的中心化管控以及契约机制问题，当核心企业在供应链网络中发挥着绝对的效用、占据绝对话语权的时候，也滋生了腐败以及权力制霸，导致其他企业对资源的利用效率降低。监督方面，审计的监督作用较为单薄，外部审计的注册会计师囿于风险导向无法或者很难全面做到内部控制审查和舞弊披露，内部审计由于人际关系等因素也无法做到尽善尽美。供应链网络核心企业对于上下游企业的支撑作用以及贡献力度，往往取决于行业自律，其中隐藏着巨大的隐患。

二、集群供应链网络信息协同优化策略

在进行制定制造业集群供应链网络信息协同优化策略的过程中，企业应当聚焦于销售商—制造商—供应商的核心链条，引入区块链技术，从物流、库存以及采购三个方面切入改善供应链网络信息协同效应。利用区块链技术，建立区块链信息系统计程系统，对制造业集群供应链网络进行层次切分，对应用层、核心层以及数据层的信息进行整合优化、去中心化管控。

如此一来，供应商所需求的采购订单的审核、物料采购信息以及下游需求信息，制造商生产计划、产品设计信息以及库存管理信息，销售商客户需求信息、产品销售信息以及需求预测信息都能够在数据层依托区块链信息管理系统进行整合优化，并进行下发分配。区块链将整合后的信息进行数据下发，核心层接收数据并进行识别，从而实现自动从核心层到应用层的过渡，提升制造业集群供应链网络各节点企业的智能化管理水平，建立起高效有利的供应链网络协同运作系统。

有了区块链技术的加持，信息协同技术在制造业集群供应链网络各节点企业的企业信息，包括资源、运营以及市场等各项数据能够实现即时的共享与交流。在组织、流程以及信息安全三个方面的协同运作，以协同机制为前提、技术为支撑以及共享机制为基础，通过搭建区块链供应链信息集成系统，从而达到供应链网络各节点企业的协调发展。

总结下来，有了区块链技术加持的供应链网络技术协同机制，相较于以前有了巨大的飞跃，体现在以下几点。

第一，传统供应链网络囿于人为因素和人工操作的不及时、不便利性，对于智能化操作实现不够。通过建设区块链技术平台，基于 SaaS 平台进行技术改进和数据分发，能够不断提升供应链各主体的响应速度，同时降低延迟频率，减少成本。

第二，利用供应链网络信息协同优势，建立健全数据库资源协同机制，在数

据采集、数据分析、数据处理、数据共享等方面建立长效合作机制，建立共享云储存平台，从广度和深度两个方面进行数据的高度协同化操作，完善协同系统，通过共享数据，得到共享客户、共享资源，实现资源配置最优化。

第三，利用区块链技术实现供应链网络信息协同数据滞后优化策略，实现共享和同步两方面的合作，实时查询、实时跟进，不断完善核心企业决策合理性和提高核心公司运行效率。

三、制造业集群供应链网络创新协同策略

制造业集群供应链网络创新协同的动因，归根结底可以总结为三个方面的协同作用与策略，一是技术方面的创新协同，二是知识方面的创新协同，三是服务方面的创新协同。对于供应链网络中各节点企业来说，灵活合理地把握三个层次的核心主旨，积极进行系统制度的搭建，通过大数据等高科技与工具进行内部知识与资源的整合，就能够实现制造业供应链集群网络创新协同。

（一）制造业集群供应链网络技术创新协同策略

技术创新指的是企业在生产技术或者已有的生产技术的基础上对产品制造等工艺流程进行的更新改进。从微观上来讲，技术创新是企业保持良好市场竞争力、提高企业战略能力的重要支持部分；从宏观上来讲，技术创新所形成的优势技术壁垒，也能够保持企业拥有较大的战略竞争优势。制造业集群供应链网络各节点企业相互沟通的频率较为频繁，彼此往来较为密切，在构建协同创新的技术联盟时有着天然的技术优势和心理优势。

制造业集群供应链网络创新协同的基石在于技术层面的创新，通过对技术研发的不断深入，在充分了解市场需求以及行业趋势的情况下，集群企业互帮互助、取长补短，发挥核心企业的功能性定位，从而大大提高了制造业集群供应链整体的市场竞争力。

1. 技术共享

在供应链网络中进行技术共享，并通过收益回流的方式实现技术的内销，

以提高联盟总体技术创新水平。首先，在应对技术创新过载而带来的各种风险的情况下，制造业集群供应链网络各节点企业应当合理根据自身经营状况与财务现状，规划投融资决策，制定更加详细与抗风险能力更强的营运策略，从而最大化地实现企业最大的竞争力；其次，在技术创新方式上，充分利用供应链网络各节点企业自身优势，取长补短，加强集群内部知识的学习，提高沟通质量，对技术优势进行有效集成，并通过核心企业进行下部影响。

2. 数字化驱动

随着市场环境的不断变化，智慧化物流模式以及供应链网络协同机制的不断成熟，以大数据、云计算等数据驱动为主要推动因素的数字化进程得到了空前的发展，获得了广阔的应用空间，供应链网络协同运作迎来了巨大的发展机遇。在新零售时代，通过数据驱动，供应链各主体打通线上线下渠道整合沟通，实现供应链全渠道升级，加快物流运转速率，改进供货机制，实现平台全主体可持续发展。

首先，通过对供应链网络各主体进行数据节点建设，构建数据联通体系，实现信息共享，打破市场信息不对称障碍，使得供应商上下游能够实时了解企业库存状态，根据库存状态合理配置供应，实现仓储管理智能化。其次，利用供应链网络数据管理平台进行统筹监督，实行数据资源自动分配、智能选择，将分散的碎片化的供应链活动进行链接，提高整体供应链网络执行效率，降低成本，提升企业供应链管理水平。最后，利用闭环结构，将上游供应链生产的商品通过数据形式交付下游，实现信息链条闭环过渡，下游将需求交付上游，提供准确及时的数据信息，精细化供应链网络管理。

3. 数据联盟

实现制造业集群供应链网络技术创新协同，利用多级供应商、多级分销商、多个核心组成的网络，在信息时代的背景下，形成点对点、线对线、面对面的网络结构，共享数据，共谋发展。

从行业的角度来说，建立健全不同行业、不同企业间的数据联盟关系，实现下游信息、中端信息、上游信息互联互通，利用大数据分析技术，实现资源与数据整合，并再次分配。在我国互联网供应链中，阿里巴巴收购微博股份，实现了数据的整合关系精细化与规模化，通过微博这一大众社交平台，整合中、少、青3个年龄段主力消费人群的喜好与偏爱，根据数据反馈的信息有针对性地进行购物推介，缩短终端用户寻找宝贝购买的时间。

从信息安全的角度来说，设立数据联盟安全监督管理委员会，建立健全数据安全、数据加密保护机制，能够避免某个企业唯利是图，从而形成共建共管、行业自律、政府引导、协会管理的新局面。

从成本控制的角度来说，首先，数据联盟突破了传统"信息孤岛"的闭塞局面，实现了数据共享公用，减少了供应链网络不同节点对于数据清洗、数据整理的成本，帮助上游供应商以及具有相同或相似需求的供应商统筹规划，统一管理，统一分布，实现整体大于局部、成本优化的效果；其次，通过网络优化，实现长期长足的不断维护机制，评估供应链网络技术创新影响协同作用的能力，在配送、仓储、物流等环节实时严格监管，科学降低成本，为供应链整体营造利润。

（二）制造业集群供应链网络知识创新协同策略

知识是人类社会对物质和精神世界探知所得结果的集合，是人类社会区别于动物的本质之处。在新时代下，面对外部环境的不确定性因素不断增多，企业对于知识的管理有着更高、更精准的要求。在制造业集群供应链网络各节点企业中，知识创新是技术创新的重要支撑保障，对于知识创新来说，创建创新协同运作模式必须以知识创新作为中心主体，并构建开放和协作的运作机制，从而保证供应链知识创新能够在制造业集群供应链网络中进行有效传播与分享。

1. 建立健全产学研供应链网络知识协同创新机制

在这一过程中，产学研一体化是解决制造业集群供应链网络知识创新协同最为有效的策略。通过对高校、科研院所以及制造业企业之间的相互协同，从而实现共赢。首先，高校与科研院所通过对市场的细致分析，运用学校庞大的资源优势与人力优势，可以在和企业沟通的过程中更好地把握市场方向。制造业集群各节点企业通过自身的行业积累，将高校与科研院所进行有效的引导，建立起高效高速的成果转化通道，加快创新协同运作效率，节约因为盲目研究而浪费的科研与创新资源。

其次，在创新协同转化的过程中，通过建立健全对知识成果的转化制度与渠道，加大高校与科研院所的人才知识聚集效应，更好地促进学校人才与社会人才的转换，更好地利用高校与科研机构的创新资源，以提高自身创新水平与市场竞争水平。

2. 构建供应链网络主体知识模块化

知识模块化是指将企业的生产技术和知识要素进行重新分割与组合，并通过专业化分工以及合作对供应链网络各渠道商实现互利共通的效果，以便知识流动能够在供应链网络中起到更好的效果。

第一，通过知识模块化能够使原本松散的层次组织变得更加紧密。在知识层次的理论中，松散的层级往往会带来不可估量的知识缺口。而对于供应链整体来说，弥补知识缺口的工作非常困难，由于整体性的设计和松散的层级关系，原本能够通过供应链各主体间合作弥补的缺口变得效率不高。时间成本以及人力资源均为影响知识缺口、导致供应链网络知识协同创新的重要障碍。而通过模块化处理，能够使得原本的知识缺口以及松散的知识层次变得更加具有耦合性。除此之外，模块化的知识结构能够为企业知识流动提供平台和分类依据，使得相应的知识图谱能够被快速找到，实现高效率的运转。

第二，知识模块化设计不仅能够提升组织柔性，还能够提高系统性吸收知识的能力。供应链网络通过对内在架构和组件之间的重新组合，增加耦合组织面积，能够更加有效地配置知识结构，完善知识传播机制，分享知识资源，提高物流效率。特别是对于制造业集群供应链网络来说，异质性知识服务往往能够帮助集群各核心主体衍生出新型的业务流程和新的研究方向，提高供应链网络主体活力，增加知识流动性，为提供技术性知识创新提供基础保障。

（三）制造业集群供应链网络服务创新协同策略

在制造业集群供应链网络中，存在各式各样的中介机构向企业提供财务、法律、金融以及咨询等服务。这些服务机构从本质上来看可以对供应链网络中的供需市场进行填补，有效调节了供需关系，成为促进制造业集群内部供应链各节点企业供需关系平衡的重要力量。

1. 渗透参与

为了更好地帮助供应链网络各主体从生产型企业转变为服务型企业，可以构建供应链网络服务创新协同影响机制，引入初创企业或者孵化属于供应链网络主体的服务型专门性机构，对供应链整体从事服务型工作。利用 SaaS 核心平台，搭建供应链网络服务中心，构建网络数据与信息中转平台，实现上下游数据互联互通，解决临时性突发问题，形成风险应对方案，针对可能出现的各种问题提供预备方案，从而解答供应链主体的各种问题。

现阶段供应链网络服务型创新协同中，利用大数据方式，构建系统化操作平台，接入 ERP，通过虚拟协同操作平台，将各主体的需求数据、生产信息、库存信息、物料信息进行共享，避免了信息不对称而导致的浪费，节约了管理成本，降低了损耗率。

2. 建立健全咨询机构独立服务体系

利用第三方咨询机构，包括会计师事务所、律师事务所，以及金融服务中介机构等第三方独立机构为供应链网络提供专业服务，解决供应链网络中出现的短暂性专业化分工不明确、专业程度不高的问题。制造业集群在日常经营活动中，对于财务问题、法律问题的解决往往有些力不从心，虽然公司设立了财务部门以及法律部门，但是大规模的费用审核以及法律合同使得这两个部门的工作量较大，加上职位深入的问题，专人专岗往往会导致无法出现能够应对突发状况、具备良好综合素质的人。因此，第三方专业机构通过流程化学习，可以为供应链网络各类主体提供标准专业服务，利用专业的知识为企业扫清互联互通的障碍。由于大部门的流程具有一定程度的相似性，第三方机构能够在较短的时间内处理数据整理、数据分析以及后续的排版、发布、公告等一系列复杂的事务，提高了供应链网络整体的运转效率。

3.高端精细化人才管理

通过猎头等机构进行高端人才挖掘，为供应链网络部门核心主体提供高端人才、高端咨询服务，研究行业战略发展方向，为企业未来定性定调。在高端人才战略选择方面，专业的人才服务机构，通过大数据分析以及数据清洗的方式，为企业高端战略提供人才供给。

总体来说，提供制造业集群供应链网络服务创新协同的主体共有3种形式，都独立存在于第三方的中介咨询机构，为各自客户服务提供价值，既包括一部分社会公共职能，又有着自己的盈利价值。第一种是直接参与初创、孵化企业的服务主体，通过参与初创企业的战略性决策，帮助初创企业厘清发展方向；第二种是帮助供应链企业上下游提供法律、财务、产品、管理以及情报等资源咨询服务的主体，它们通过在各个领域广纳人才，培养了一批专业人才针对供应链节点企业进行透彻分析，以第三方视角为企业提供知识创新服务；第三种是针对技术和人力资源等高端层面的咨询服务，如猎头机构与技术专利交易市场等，它们穿插在供应链网络的各个环节中，根据节点企业的各种不同需求进行特殊化服务，对于供应链创新协同决策起到了关键的推动作用。

第五章

智能化物流与供应链协同创新

第一节　物流系统战略规划的制定与实施

一、物流系统规划概述

从系统科学的角度来研究物流，是基于一个基本命题：系统是一切事物的存在方式之一，因而事物都可以用系统观点来考察、用系统方法来描述。从系统科学的角度来研究物流，不只是为了弄清楚物流系统的结构、状态、行为、功能等，更重要的是分析物流系统的控制机制与信息反馈过程，了解物流系统在内部动力和外部动力共同推动下的演化过程，以期能够控制物流系统的状态和演化方向。

（一）物流系统

1.物流系统的含义

所谓物流系统是指按照计划为达成物流目的而设计的相互作用的要素的统一体。其目的与作用是将货物按照规定的时间、规定的数量，以最合适的费用，准确无误地送达目的地，完成物品使用价值的物理性转移，最终实现物品的社会价值。

2. 物流系统的特征

明确物流系统的特征有利于做好物流系统规划和设计，物流系统具有如下特征。

（1）目的性

物流系统一定要有明确的目的，且只有一个，就是保证将市场所需要的商品，在必要的时候，按照必要的数量送达需求者的手中。物流系统的设计或者说将现存的物流结构向物流系统转变，首先必须明确物流系统的目的。

（2）整体性

为保证物流系统目的的实现，构成物流系统的各个功能要素或者说子系统必须围绕着物流系统的目标相互衔接，构成一个有机的整体。相对于系统的目的来说，各项功能活动只是实现系统目标的手段。例如，运输本身不是目的，超过实际需求量的运输，即便是高效率的满载运输，对于物流系统来说都没有任何意义。在这个整体中，部分的合理化和最优化并不代表整体的合理化或最优化。

评价物流系统质量高低很重要的一个标准是物流成本，在保证物流系统目的实现的前提下，使物流总成本最低是我们构筑物流系统或者说实现物流系统的重要目的，为此，必须运用效益背反的原理对物流因素进行最佳结合。

（3）服从性

企业物流系统的上位系统是企业的经营系统，物流系统是企业经营大系统的一部分或者说是其子系统，为企业经营大系统服务。物流系统目标的设定，如物流服务水准设定要以企业总体的经营目标、战略目标为依据，服从企业总体发展的要求。企业物流的最终目的是促进企业的生产和销售，提高企业的盈利水平。

（4）信息性

物流系统中各个环节的衔接配合离不开信息功能，信息是构成物流系统的核心要素，为使物流系统按预定目标运行，必须对物流系统运行中出现的偏差加以纠正，设计出来的物流系统在运行的过程中也需要不断完善，这些都需要建立在对信息充分把握的基础之上。

3. 物流系统运行的基本原理

物流系统具有输入、输出、处理（转化）、限制（制约）、反馈等功能。根据物流系统的性质，具体内容有所不同。

（1）输入

输入也就是通过提供资源、能源、设备、劳力等手段对某一系统发生作用，统称为外部环境对物流系统的输入。包括原材料、设备、劳力、能源等。

（2）处理（转化）

它是指物流本身的转化过程。从输入到输出之间所进行的生产、供应、销售、服务等活动中的物流业务活动称为物流系统的处理或转化。具体内容有物流设施设备的建设；物流业务活动，如运输、储存、包装、装卸、搬运等；信息处理及管理工作。

（3）输出

物流系统与其本身所具有的各种手段和功能，对环境的输入进行各种处理后所提供的物流服务称为系统的输出。具体内容有产品位置与场所的转移；各种劳务，如合同的履行及其他服务等；信息，如场所时间性质效用、成本费用等。

（4）限制或制约

外部环境对物流系统施加一定的约束，称为外部环境对物流系统的限制和干扰。具体内容有资源条件，能源限制，资金与生产能力的限制；价格影响，需求变化；仓库容量；装卸与运输的能力；政策的变化等。

（5）反馈

物流系统在把输入转化为输出的过程中，由于受系统各种因素的限制，不能按原计划实现，需要把输出结果返回给输入，进行调整，即使按原计划实现，也要把信息返回，以对工作做出评价，这称为信息反馈。信息反馈的活动包括：各种物流活动分析报告；各种统计报告数据；典型调查；国内外市场信息与有关动态等。

4. 物流系统的结构

系统的结构就是构成系统的要素及其之间的相互联系、相互作用的方式或形式，是系统保持整体实现功能的内在基础。物流系统是由物流要素组成的，这些要素可以组成的结构类型很多，例如，物流系统的流动结构、功能结构、供应链结构、网络结构、产业结构等。

（1）物流系统的流动结构

物流系统就像是一个完整的流，具有流的五个流动要素：流体、载体、流向、流量、流程。物流的五个流动要素是相关的，流体的自然属性决定了载体的类型和规模，流体的社会属性决定了流向、流量和流程，流体、流量、流向和流程决定了采用的载体的属性，载体对流向、流量和流程有制约作用，载体的状况对流体的自然属性和社会属性均会产生影响。由此，对于物流系统应该根据流体的自然属性和社会属性，流向、流程的远近和具体运行路线，以及流量的大小与结构来确定载体的类型与数量。在网络型的物流系统中，一定的流体从一个点向另一个点转移时经常会发生载体变换、流向变更、流量分解与合并、流程调整等情况，如果这种调整和变更是必要的，那么也应该缩短变换的时间、减少环节、降低变换的成本等。

（2）物流系统的功能结构

物流系统的基本功能要素包括运输、仓储、包装、装卸搬运、流通加工、配送和物流信息处理等。这些功能要素之间相互联系、相互作用，它们的组合方式以及时空关系的表现形式形成了物流系统的功能结构。一般而言，物流运作各个阶段都要具备的功能首先是运输，然后是储存。运输创造了"物"的空间价值，仓储创造了"物"的时间价值，装卸搬运功能伴随运输方式或运输工具的变换、物流作业功能之间的转换而产生。物流中的包装功能、流通加工功能是在流通过程中才发生的，但也不是每一个物流系统都需要进行的作业。现代物流业具有复合功能，即一般是由两个以上基本功能构成。

（3）物流系统的供应链结构

通常，供应链由原材料供应、生产、流通、消费 4 个基本环节组成，在每一个环节中都有物流活动的支持。因此，整个供应链的物流系统就由原材料供应物流系统、生产物流系统、流通物流系统和消费物流系统组成。在原材料供应阶段，从原材料产地到需求地，需要进行原材料的运输、储存、装卸搬运、加工、包装、原材料物流信息处理等作业。企业采购原材料后，储存在仓库中，在生产线上原材料被加工成半成品，半成品进一步被加工成成品，半成品和成品都要储存在企业的仓库中，只有在采用"即时制"生产的企业，产成品才会在生产出来之后不经入库储存而立即被装车发运，这是生产物流系统。零售店从制造商采购商品后，由供应商从物流中心或配送中心发货到零售店的配送中心，在此配送中心要进行一些流通加工，销售时再从配送中心提货陈列在柜台上，这是流通物流系统。消费者购买商品后可能会有退货、换货等，零售店先接受消费者的退货后暂存，然后再退给供应商或者处理掉，这就是消费过程中的物流系统，或者是废弃或回收。

（4）物流系统的网络结构

任何物流系统都可抽象成不同类型的网络。网络由两个基本要素组成：点和线。在物流系统中供流动的商品储存、停留，以及进行后续作业的场所称为点，如工厂、商店、仓库、配送中心、车站、码头等，点是物流基础设施比较集中的地方。连接物流网络中点的边称为线。点和线结合在一起，构成了物流系统的网络结构，具体指货物从供应地到需求地的流动结构。将货物从供应地运送到需求地可采用两种基本的物流网络形式，一种是直送形式，另一种是经过物流节点的形式，其他形式都是这两种基本形式的组合。

（5）物流系统的产业结构

物流系统的产业结构可以从以下两个方面划分：一是按照物流业务环节划分，可分为运输业、仓储业、包装业、装卸业、流通加工业、邮政业、物流信息业等；二是按照物流业务组织化程度划分，可分为第一方物流、第二方物流、第三方物流、第四方物流等。

（二）物流系统规划设计

1.物流系统规划的意义

物流系统规划是指确定物流系统发展目标和设计达到目标的策略与行动的过程。物流系统是一个涉及领域非常广泛的综合系统，如涉及交通运输、货运代理仓储管理、流通加工、配送、信息服务、营销策划等领域。物流系统又是一个开放的复杂系统，影响其发展的内外部因素多且变化大，其依托的外部环境变化也有很大的不确定性，因此，不论是改进现状物流系统还开发新物流系统，进行物流系统规划都显得尤为重要。

2.物流系统规划设计的原则

（1）开放性原则

物流系统的资源配置需要在全社会范围内寻求。

（2）物流要素集成化原则

物流要素集成化是指通过一定的制度安排，对物流系统功能、资源、信息、网络等要素进行统一规划、管理、评价，通过要素间的协调和配合使所有要素能够像一个整体在运作，从而实现物流系统要素间的联系，达到物流系统整体优化的目的的过程。

（3）网络化原则

网络是指将物流经营管理、物流业务、物流资源和物流信息等要素的组织按照网络方式在一定市场区域内进行规划、设计、实施，以实现物流系统快速反应和最优总成本等要求的过程。

（4）可调节性原则

能够对市场需求以及经济发展的变化，及时做出应对。

3.物流系统规划设计的影响因素

物流系统的规划与设计是为了更好地配置系统中的各种物流要素，形成一定的物流生产能力，使之能以最低的总成本完成既定的目标。因此，在进行物流系统规划与设计时，有必要考察分析其影响因素，从而做出合理的物流规划与设计方案。影响物流系统规划与设计的主要因素有以下几点。

（1）物流服务需求

物流服务需求包括服务水平、服务地点、服务时间、产品特征等多项因素，这些因素是物流系统规划与设计的基础。由于物流市场和竞争对手都在不断地发生变化，为了适应变化的环境、满足物流服务需求，必须不断地改进物流服务条件、服务环境，以寻求最有利的物流系统，支持市场发展前景良好的物流服务项目。

（2）行业竞争力

物流系统规划与设计就是要寻求最大的竞争优势，为此必须考虑物流服务成本的合理性，协调物流节点能力与市场要求之间的关系，降低成本，以获取最大的竞争优势。为了成为有效的市场参与者，在进行物流系统规划与设计时需要对竞争对手的物流竞争力进行详细分析，掌握行业基本服务水平，寻求自己的物流市场定位，从而发展自身的核心竞争力，在此基础上构筑合理的物流系统。

（3）地区市场差异

物流系统中物流节点结构直接同客户的特征有关，如地区人口密度、交通状况、经济发展水平等，这些都在一定程度上影响着物流节点规划设计的决策。

（4）物流技术发展

信息技术、网络技术等对物流发展具有革命性的影响，及时、快速、准确的信息交换可以随时掌握物流动态，不但改进了物流系统的实时管理控制及决策，而且为实现物流作业一体化、提高物流效率奠定了基础。

（5）流通渠道结构

流通渠道结构是由买卖关系组成的企业间的商务关系，而物流活动是伴随着一定的商务关系而产生的。因此，为了更好地支持商务活动，物流系统的构筑应考虑流通渠道的结构。

（6）经济发展

经济发展水平、居民消费水平、产业结构直接影响着物流服务需求的内容、数量、质量。而集货、运输、配载、配送、中转、保管、包装、装卸、流通加工和信息服务等构成了现代物流活动的主要内容。为此，物流系统的规划与设计应适应物流服务需求的变化，不断拓展其功能，以满足经济发展的需求。

（7）法规、财政、行业标准等

物流系统的各种活动必须与国家的运输法规、税收政策、行业标准等相适应，因此这些因素也在一定程度上影响着物流系统的规划与设计。

4. 物流系统规划设计的内容与层次

物流系统规划与设计是以一定区域或一定范围的物流系统布局为对象的。由于观察与分析的对象不同、分析问题的视角不同，物流系统规划与设计的方法与内容也有所区别，因此常有不同的划分方法。

（1）按经济区域划分

按照规划所涉及的经济部门、经济区域，物流系统规划可分为宏观物流系统规划、中观物流系统规划和微观物流系统规划。其中，中观物流系统规划包括区域和城市物流系统规划、产业物流系统规划；微观物流系统规划则包括了企业物流系统规划、物流企业系统规划。

①宏观物流系统规划：宏观物流系统规划是着重于以物流基础节点和物流基础网络为内容的物流基础平台规划。物流基础平台的规划包括铁路、公路、航空、水路等线路的规划，不同线路的合理布局，综合物流节点、物流中心的规划，以及相应的综合信息网络的规划。

②区域和城市物流系统规划：区域物流系统规划是着重于地区或城市物流基地、物流中心、配送中心3个层次的物流节点以及综合物流园区的规模和布局的规划。物流基地、物流中心、配送中心3个层次的物流节点是区域和城市物流不同规模、不同功能的物流节点，也是区域和城市物流系统规划中较大规模的投资项目。这3个层次物流节点的规划是区域、城市物流系统运行合理化的重要基础。

③产业物流系统规划：在物流基础平台之上，将有大量的企业和经济事业单

位进行物流运作，如供应、分销、配送、供应链、连锁经营等。要使这些运作做到合理化和协调发展，需要有规划的指导。产业物流系统规划，也称为经济运行部门物流规划，是指国家的主要经济部门进行的物流规划，例如，商贸业物流规划、医药业物流规划、汽车业物流规划、烟草业物流规划等。产业物流系统规划是基于本产业所制定的特定物流规划，实际上是一种供应链规划，着重于采购、生产、分销、配送等供应链环节的流程设计、物流设施布局规划和供应链管理规划。

④企业物流及物流企业系统规划：企业物流及物流企业系统规划是微观层面的物流系统规划，其主体是企业。企业物流及物流企业系统规划以上述物流系统规划为基础，上述物流系统规划最终是为企业物流及物流企业系统规划服务的。企业物流系统规划包括生产企业、销售企业、服务企业等的物流系统规划，而物流企业系统规划则主要指专门从事物流服务的企业系统规划，即第三方物流系统规划。不同类型的企业物流系统规划的要求不同，企业物流系统规划更要关注差异性和多样化。当前，企业物流系统规划的理念在不断发展，从"营销支持"和"流程再造"角度进行物流系统规划，会有效提高企业的素质，增强企业的运营能力。

（2）按物流系统规划与设计的层面划分

按照物流系统规划与设计的层面，物流系统规划与设计可以分为物流系统战略层、物流系统营运层和物流系统操作层的规划与设计。物流系统战略层面规划的主要任务是对物流系统的建设与发展做出长远的、总体的谋划，即长远规划。物流系统营运层面规划的主要任务是对物流系统营运进行规划及设计，即物流运作方案策划、物流营运系统设计，是物流系统战略规划的实施与落实。物流系统操作层面规划的具体任务是利用战略规划和系统设计所确定的物流渠道，快速、有效地仓储、包装、装卸、搬运和运送产品。

（三）物流系统规划的基本原理

物流系统是一个大系统，地域跨度大、时间跨度大、行业跨度大。物流系统又是一个动态系统，具有满足社会需要、适应环境的能力。这种规模庞大、结构复杂、目标众多的特点给物流系统规划提出了较高的要求，结合国内外研究成果，借鉴已有成熟的系统规划经验，物流系统规划应该遵循物流系统分析原理、物流供需平衡原理、供应链一体化原则和物流成本效益评价原理等四大基本原理。

1.物流系统分析原理

应用系统分析方法对物流系统进行研究是系统规划的核心思想方法，物流系统分析可以了解物流系统各部分的内在联系，把握物流系统行为的内在规律性。所以说，不论是从系统的内部或外部，还是设计新系统或是改造现有系统，系统分析都是非常重要的。

（1）系统分析与物流系统分析

用系统观点来研究物流活动是现代物流学的核心思想。系统分析在选定系统目标和准则的基础上，分析构成系统的各级子系统的功能和相互关系以及系统与环境的相互影响，运用科学的分析工具和方法，对系统的目的、功能、环境、费用和效益进行充分的调研、比较、分析和研究，并建立若干替代方案和必要的模型，进行系统试验，把试验、分析、计算的各种结果同早先制订的计划进行比较和评价，寻求使系统整体效益最佳和有限资源配备最佳的方案，为决策者的决策提供科学依据和信息。

物流系统分析是指在特定的时间和空间里，将其所从事的物流服务及其过程作为一个整体来处理，以系统的观点、系统工程的理论和方法进行分析研究，以实现其空间和时间的经济效应。

（2）物流系统分析的原则与内容

物流系统分析作为决策的手段，其主要目的在于通过分析比较各种物流活动方案的有关技术经济指标，为决策者提供了直接判断和决定最优方案的信息和资料，以便获得最优物流系统方案。物流系统分析是以物流系统整体效益最大化为目标，以寻求解决特定问题的最优策略为重点，运用定性和定量分析方法，给予决策者以价值判断，以求得有利的决策。实践证明，对像物流系统这样技术比较复杂、投资费用大、回收周期长、存在不确定的相互矛盾因素的系统，系统分析更是不可缺少的一环。只有做好了系统分析工作，才能获得良好的系统设计方案，才不至于造成技术上的大量返工和经济上的重大损失。

物流系统分析应强调科学的推理步骤，使所研究物流系统中各个问题的分析均能符合逻辑和事物的发展规律，而不是凭主观臆断和单纯经验；物流系统分析应运用数学方法和优化理论，从而使各种替代方案的比较不仅有定性的描述，还基本上都能定量化，对于非计量的有关因素，则运用直觉、判断及经验加以考虑和衡量；物流系统分析，必须处理好外部条件与内部条件、当前利益与长远利益、子系统与整个系统、定量分析与定性分析等相结合的关系。这些是物流系统分析应当遵守的原则。

物流系统分析的内容包括对现有系统的分析和对新开发系统的分析。

①对现有系统的分析：对现有系统作进一步的认识，使系统尽可能实现最优运转。为了使现有系统更好地适应发展的需要，在进行系统分析时既要注意对系统的外部进行分析，又要注意对系统内部进行分析。

对系统外部的分析，主要是根据国内外经济科技形势，研究本系统在环境中的地位、当前国家对本系统的政策以及与本系统经营活动有关的各方面的状况，如生产力与资源分布、物流市场和货源、制造业的生产与技术水平等。

对系统内部的分析，主要是计划安排、生产组织、设备利用、原材料供应、物流需求、劳动力状况、成本核算及财务收支等。

②对新系统的分析：新系统的系统分析内容可以是新系统的投资方向、工程规模、物流供应链上各环节的布局、物流节点选址、物流系统的功能、设备设施的配置、物流系统的管理模式等。

（3）物流系统分析的要点和步骤

①物流系统分析的要点：物流系统分析非常注重逻辑推理，系统分析人员要不断地提出一系列的为什么，直到问题得到圆满的答复。系统分析首先回答是什么，然后再回答为什么，还要进一步分析有无替代方案。只有圆满地回答了以上的提问，才能对系统的开发目的、开发地点、开发时间、开发人员、开发方法

有一个完整、清晰的答案。

②物流系统分析的步骤：物流系统分析的步骤，大致分为：问题构成范围—确定目标—收集资料—拟订可行方案—建立模型—分析方案指标—综合评价等。它是一个连续的循环。

2．物流供需平衡原理

物流规划的主要目的是解决如何提供物流供应以满足物流需求的问题。物流的供应与需求的平衡是一个基本指导思想。应用供需平衡原理规划设计物流系统，能保证以尽可能少的投入最大限度地满足物流发展的要求。

（1）物流供应

物流供应是城市商流的后勤或支援，物流供应包括交通运输等路径的供应和物流园区等节点的供应。交通运输等路径的供应主要指运输网络中线路、车站、码头等设施能力及服务水平，物流节点的供应主要指物流活动中所进行的包装、装卸、保管和流通加工等设施设备的容量及服务水平。

（2）物流需求

物流需求是社会经济活动，特别是制造与经营活动所派生的一种次生需求。物流需求包括物的位移及其相关服务（含信息）方面的需要。物资之所以流动是因为社会生产与社会消费的需要，它受生产力、生产资源分布、生产制造过程、消费分布、运输仓储布局等因素影响。物流与社会生产、经济生活有着密切的联系，社会劳动生产率的提高、经济发展的增长、收入与消费的增加以及新政策的实施等都会使物流需求发生变化；人们生活方式、消费习惯的不同，物流基础设施的制约以及供应链企业间的平行、垂直和重叠关系的相互影响又使物流需求在一定趋势变化基础上相对物流供应上下波动。宏观上，经济建设与发展的不同阶段对物资需求的数量、品种、规模是不同的；微观上，物流需求的数量和品种往往随季节变化，此外，现代科技更新周期的不断缩短和人们消费观念的日益变化，也提高了物流需求随时间变化的敏感性。生产力布局、社会经济水平、资源分布、用地规模使物流需求呈现出地域差异和分布形态差异。

3. 物流成本效益分析原理

物流成本按其范围来分，有广义和狭义之别。狭义的物流成本是指由于物品实体的位移而引起的有关运输、包装、装卸等成本；广义的物流成本是指包括生产、流通、消费全过程的物品实体与价值变换而发生的全部成本，具体包括从生产企业内部原材料的采购、供应开始，然后经过生产制造过程中的半成品存放、搬运、装卸、成品包装及运送到流通领域，进入仓库验收、分类、储存、保管、配送、运输，最后到消费者手中的全过程发生的所有成本。

然而，物流成本的计算是难以辨认的。由于物流成本没有被列入企业的财务会计制度，制造企业习惯将物流费用计入产品成本，商业企业则把物流费用与商品流通费用混在一起。因此，无论是制造企业还是商业企业，不仅难以按照物流成本的内涵完整地计算出物流成本，而且连已经被生产领域或流通领域分割开来的物流成本，也不能单独正式地计算并反映出来。

物流长期以来被认为是经济领域的"黑暗大陆"，同时又被认为是企业第三利润来源，而物流成本管理则由于对费用了解和认识很少，具有很大的不确定性。物流成本之间存在权衡规律，在物流功能之间，一种功能的削减会使另一种功能成本增多。因为各种费用相互关联，必须考虑整体的最佳成本。物流成本管理就是对所有成本进行计划、分析、核算、控制与优化，以达到降低物流成本的目的。物流成本管理的目的是要将混入其他费用科目的物流成本全部抽取出来，使人们能够清晰地看到潜藏的物流成本，以便降低成本。

物流作为生产在流通领域的继续，是创造价值的，这主要是通过节约成本费用而创造的。但这并不是说物流成本越高，物流所创造的价值就越高。因为物流并不能创造新的使用价值，物流成本只是社会财富的一种扣除，再加上长期以来人们对物流活动普遍重视不够，大部分物流成本得不到揭示，使得物流方面的浪费现象严重，直接影响了经济效益。因此，加强物流成本管理，特别是把现代成本管理模式融入物流成本管理中，进而形成新的物流成本管理模式，不断降低物流成本，提高经济效益。

二、物流系统战略规划的制定模式与实施

（一）物流系统战略规划的形成方法和制定方式

1.战略规划的形成方法

类型与规模不同，以及管理人员层次不同，会导致物流系统战略形式的不同。小规模的物流系统，所有者兼任管理人员，其战略一般都是非正式的，主要存在于管理者的头脑之中，或者只存在于与主要下级人员达成的口头协议之中；而在大规模的公司之中，战略是通过各层管理人员广泛的参与，经过详细复杂的讨论和研究，有秩序、有规律地形成的。根据不同层次管理人员介入战略分析和战略选择工作的程序，可以将战略形成的方法分为四种形式。

（1）自上而下的方法

这种方法是先由总部的高层管理人员制定物流系统的总体战略，然后由下属各部门根据自身的实际情况将物流系统的总体战略具体化，形成系统的战略方案。这种方法最显著的优点是，物流系统的高层管理人员能够牢牢把握整个系统的经营方向，并能对下属各部门的各项行动实施有效的控制。这种方法的缺点是，要求物流系统的高层管理人员制定战略时必须深思熟虑，战略方案务必完善，并且还要给下属各部门提供详尽的指导。同时，这种方法也约束了各部门的手脚，难以发挥中下层管理人员的积极性和创造性。

（2）自下而上的方法

这是一种先民主后集中的方法，在制定战略时，物流系统最高管理层对下属部门不做硬性规定，而是要求各部门积极提交战略方案，物流系统最高管理层在各部门提交战略方案的基础上，加以协调和平衡，对各部门的战略方案进行必要的修改后加以确认。这种方法的优点是，能够充分发挥各个部门和各层管理人员的积极性和创造性，集思广益。同时，由于制定的战略方案有广泛的群众基础，在战略实施过程中也容易得到贯彻和落实。方法的不足之处是，各部门的战略方案难以协调，影响了整个战略实施计划的系统性和完整性。

（3）上下结合的方法

这种方法是在战略制定的过程中，物流系统最高管理层和下属各部门的管理人员共同参与，通过上下各层管理人员的沟通和协商，制定出适宜的战略。这种方法的主要优点是，可以产生较好的协调效果，制定出的战略更加具有可操作性。

（4）战略小组的方法

这种方法是指物流系统的负责人与其他的高层管理者组成一个战略制定小组，共同处理企业所面临的问题。在战略制定小组中，一般都是由总经理任组长，而其他人员的构成则具有很大的灵活性，视小组的工作内容而定，通常是吸收与所要解决的问题关系最密切的人员参加。这种战略制定方法目的性强、效率高，特别适宜制定产品开发战略、市场营销战略等特殊战略。

2. 战略规划的制定方式

（1）支持方式

使用支持方式制定战略，管理者将不必亲自参与战略制定的各个细节。这种战略制定的方式是鼓励组织的个人和团体通过自己的努力制定、支持并宣传及实施组织的战略。在这种方式下，物流系统战略的许多重要部分都来自"做的人"和"快速跟踪者"。执行经理人员扮演评判员的角色，他们对那些需要得到他们批准的战略建议进行评审。这种方式在那些大型的多元化经营的公司中很奏效，因为在这种物流系统中，物流系统首席执行官不可能对各个业务部门制定出来的战略部分亲自进行协调。总部执行经理要想任用组织中那些能够洞察出他们所不能洞察出战略机会的人员，就必须把制定战略的一些主动性下放给业务层次的管理者。总公司层次的管理者可以清晰地阐述一般的战略主题并将其作为战略思维的指导原则，但是卓越的战略制定工作的关键是激励热情的支持者所洞悉出来的各种全新的战略行动。他们或许会深深地了解某个机会，认为要完全追寻这个机会。在这种方式下，总战略最后会成为组织中支持的战略行动的集合，并且得到组织上层执行经理人员的批准。

（2）合作方式

这是战略制定的中间道路的方式。管理者在制定一致的战略时获得同事和下属的支持与帮助，最后得到的战略是参与者联合工作的结果，其中大家所做的合作努力由负责的管理者个人来领导。合作方式最适合下列情形：战略问题涉及多个传统的职能领域和部门组织，必须从有着不同背景、技能和观点的人身上充分挖掘出战略观点和解决问题的技巧，战略制定时让尽可能多的人员参与，并获得执行的权力。让团队来分析复杂的形势，寻找市场驱动性和客户驱动性解决方案的必要性在很多公司越来越明显了。战略问题常常还会跨越几个职能领域和部门组织，因此，必须要求交叉领域的专家共同做出贡献，要求组织中不同部门的管理者进行充分的合作，最后再决定谨慎周全的战略行动。

（二）物流系统战略的制定模式

物流系统战略的制定模式没有现成的范例可以遵循，同时也没有必要遵循范例来行事。这里介绍两种战略规划模式，供大家参考。

1.以差异分析为中心的战略规划模式

差异化战略就是企业设法使自己的产品或服务乃至经营理念、管理方法、技术等有别于其他企业，在全行业范围内树立起别具一格的经营特色，从而在竞争中占据有利地位。追求市场差异化也是大多数公司所追求的目标，以便在市场上获得更大的竞争优势，赚取更多的经济利润。

这种规划模式首先是确定目标，这是由股东的期望和管理者的价值观决定的。目标的差别和当前及预期增长决定了应当填补的规划差异的规模。在此基础上，运用 SOWT 分析方法，详细分析了公司的优势与劣势、环境的机会与威胁，在这里，要特别注意规划中存在的特殊问题，然后确定物流系统的战略、实施计划和实施控制，最后获得经营结果。这将反过来印证是否达到股东和管理者的期望。

2.以市场优势及吸引力为中心的战略规划模式

这种规划模式与上述规划模式的区别是，首先需要确定物流所处的市场环境，主要从外部人手开始分析所处的外部环境，并结合股东和高层管理者的期望，然后确定物流系统的使命、政策、目标、方案等。其次，在此基础上，制定物流系统战略实施计划并编制战略实施的预算。最后通过实施战略取得所期望的经营结果。这些过程是环环相扣、相互关联的，这种规划模式目前在制定物流战略上被广泛采用。

（三）物流系统战略规划的实施

1. 物流系统战略规划的实施要素

（1）物流组织结构

如果要使物流系统战略规划成功非常关键的方面是拥有所需的资源、决策影响力和组织影响力，那么它们就不得不在组织规划中占据中心位置。换句话说，就是一个新的或变化后的物流系统战略规划会导致新的或不同的关键性物流活动、物流工作人员的胜任能力或才能，因此就需要新的不同的组织结构安排。所以，物流组织结构的构建是实施物流战略的首要要素。

（2）物流管理制度

建立一支有能力的物流管理队伍是物流系统战略规划实施的重要基础要素，战略实施者们必须决定实施战略所需的核心工作队伍的类型，然后寻求合适的人来填充每个职位。有时现存的物流工作团队就很合适，我国企业存在许多传统模式下的物流工作人员，比如采购部门的物料采购人员、销售部门的产品配送人员等，他们的许多工作就承担着现代物流的部分功能，在物流人才总体缺乏的大环境下，要想找到适合本企业的一线物流人才是非常困难的，所以企业物流人才的开发首先应该从这一部分员工入手，利用他们多年从事本部门工作的实践经验，从一线培养基层的现代物流人才，所以物流人事制度的建立起了重要的作用。另外，虽然现代物流概念在西方发达国家已经有半个世纪的发展历史，但是在中国兴起也就 10 年左右的时间，真正引起广泛重视只有 5 年的时间，所以物流人才的成长需要时间的积累，需要教育、实践等方面的综合锻炼过程。据有关物流网站的统计与调研，我国目前人才市场中各种物流人才需求量极其庞大，尤其是既具备经验又具备现代技术的企业物流人才更是紧缺。企业针对这样一种内部紧缺、外部供应不足的现状，必须改变传统引进人才的思路，重视长期效应，给予引进人才良好的学习环境，从多渠道引进人才。企业激励制度的实施不仅能够留住企业现有物流系统战略规划实施的人才，还能从外部吸纳必要的物流人才。所以，人事和激励制度等物流管理制度是物流系统战略规划实施的关键要素之一。

（3）物流文化

众所周知，深埋于一个企业文化中的理论和习惯可以各自生根发芽，它可以产生于一个有影响力的个人、工作集体、部门或分支机构，也可以产生于组织等级的底层或者高层。隐含或显现于一项物流系统战略中的哲学、目标和实践可以与一个企业的文化一致，也可以不尽相同。但物流系统战略与相应物流文化间的密切匹配关系会促进战略的实施和更好地执行战略，而两者间的不匹配则会形成障碍。物流战略与物流文化间的匹配关系越强，企业的物流经理们就可以越少地依赖政策、规定、程序和监督，以强化物流工作人员应该做什么和不应该做什么，正因为文化准则得到遵守，它们才可以自动地指导行为。所以在物流系统战略规划实施过程中文化要素是最重要的保障。

2.物流系统战略规划实施的阶段

物流系统战略规划在实施之前只是纸面上的或人们头脑中的东西，而物流系统战略规划的实施是战略管理过程的行动阶段，因此它比战略的制定更加重要，在将物流系统战略规划转化为战略实施的过程中，有4个相互联系的阶段。

（1）战略的发动

在这一阶段中，物流系统的领导人要研究如何将物流系统战略的理想变为大多数员工的实际行动，调动起大多数员工实现新战略的积极性和主动性，这就要求对物流系统管理人员和员工进行培训，向他们灌输新的思想和观念，提出新的口号和概念，消除一些不利于战略实施的旧观念和旧思想，以使大多数人逐步接受一种新的战略。对于一个新的战略，在开始实施时会有相当多的人产生各种疑虑，而一个新战略往往要将人们引入一个全新的境界。如果新战略没有得到员工的充分认识和理解，就不会得到大多数员工的拥护和支持。因此，战略的实施是一个发动广大员工的过程，要向广大员工讲清楚企业内外环境的变化给物流系统带来的机遇和挑战，旧战略存在的各种弊病，新战略的优点以及存在的风险等，使大多数员工能够认清形势，认识到实施战略的必要性和迫切性，树立信心，打消疑虑，为实现新战略的美好前途而努力奋斗。在发动员工的过程中，需要努力争取战略关键执行人员的理解和支持，物流系统的领导人要考虑机构和人员的认识调整问题以扫清战略实施的障碍。

（2）战略的实施计划

将物流系统战略分解为几个战略实施阶段，每个战略实施阶段都有各自的目标、政策措施、部门策略以及相应的方针等。要定出分阶段目标的时间表，要对各阶段目标进行统筹规划、全面安排，并注意各个阶段之间的衔接，对于远期阶段的目标方针可以概括一些，但是对于近期阶段的目标方针则应该尽量详细一些。在战略实施的第一阶段，新战略与旧战略应该有很好的衔接，以减少阻力和摩擦，第一阶段的分目标及计划应该更加具体化和可操作化，应该制定年度目标、部门策略、方针与沟通等措施，使战略最大限度地具体化并变成企业各个部门可以具体操作的业务。

（3）战略的运作

物流系统战略的实施运作主要与下面 6 个因素有关：各级领导人员的素质和价值观念、物流系统的组织机构、物流系统文化、资源结构与分配、信息沟通和控制及激励制度。这 6 个因素使战略真正进入物流系统的日常生产经营活动中，成为制度化的工作内容。

（4）战略的控制与评估

战略是在变化的环境中实践的。物流系统只有加强对物流系统战略执行过程的控制与评价，才能适应环境的变化，完成战略任务。这一阶段的工作重点主要是建立控制系统、监控绩效和评估偏差、控制及纠正偏差 3 个方面。

第二节　供应链下的物流管理

一、物流网络与供应链管理研究

（一）物流网络与供应链管理

1.物流网络与供应链管理的区别

物流网络属于供应链管理，是其中非常重要的一部分，但是物流网络不能完全代表供应链管理，两者之间还是存在一定区别的，具体如下。

（1）管理内容不同

供应链管理涉及产品从原材料采购到最后销售出去的全过程，而物流涉及的只有原材料和零部件在生产过程中各个环节之间以及各企业之间的流动，不涉及产品的制造过程。

（2）涉及价值不同

物流网络管理同供应链管理在产品的价值产生和增加的过程中扮演着不同的角色。其中，供应链管理涉及产品从原材料制造到产成整个过程的增值过程；而物流网络只涉及企业之间的价值流过程。

2.物流网络在供应链管理中的作用

在传统的生产和采购模式下，物流对企业的生产起到的是一种支持作用，而随着现代企业生产方式的改变和生产理念、采购模式的改革，物流在企业运营的整个过程中的作用和地位也越来越突显。物流网络必须具有与制造系统相当的能力，才能和制造系统相辅相成，共同发展，从而推动整条供应链的顺利运行。物流网络在当今的供应链管理中的主要作用表现在以下几方面。

①创造用户价值，降低用户成本；

②协调制造流程，提高企业反应速度；

③提供用户服务，建立企业形象；

④及时反馈信息，缓解供需矛盾。

（二）供应链环境下物流网络的特征

在供应链管理模式下，物流网络的环境发生了变化，也在新的管理模式下显现出新的特点。

1. 供应链下的物流网络环境

供应链的管理思想产生于新的企业竞争变化中，是一种由竞争环境的改变而推动的企业管理模式的创新。从 20 世纪 70 年代到 21 世纪初，企业之间的竞争从成本到质量再到交货时间，最后变成了反应速度的较量。各企业想要通过单一的企业管理模式在越发激烈的竞争中占有一席之地已经越来越难，而是需要通过不断提高自身的反应能力，随时应对市场和用户可能出现的变化，才能在激烈的竞争中站稳脚跟。供应链管理模式就在这种大环境下应运而生。而在这种供应链的管理模式下，企业需要对整条供应链上的所有环节进行协调和控制，从而从传统的资源约束中解放出来，去开发新的竞争优势。在这种管理模式下，物流网络在整条供应链的运行中开始扮演越来越重要的角色，起到越来越重要的作用。总结来说，供应链环境下物流网络环境的变化如表 5-1 所示。

表 5-1 供应链管理环境下的物流环境特点

竞争需求	竞争特性	物流策略要素
对顾客化产品的开发、制造和交货速度	敏捷性	通过畅通的运输通道快速完成交货
资源动态重组能力	合作性	通过互联网技术获得信息共享和知识支持
物流系统对变化的实时反应能力	柔性	多种形式的运输网络和多点信息获取途径
用户服务能力的要求	满意度	多样化产品、亲和服务、可靠质量

2. 供应链下物流管理的新特点

由于企业管理模式的改变，新的物流思想和传统的物流管理之间产生了越来越多的差异。

（1）传统的物流管理

首先，对传统的物流管理情况进行分析。在传统的物流系统中，需求信息和反馈信息都是逐级进行传递的，由于信息在传递过程中需要经过太多的环节，导致上级供应商无法及时得到市场的需求信息，从而导致供应商对市场需求的反应速度很慢。

同时，传统的物流管理并没有将整条供应链看作一个有机统一的整体，而是采取分开管理的方式，这就导致了部分产品库存过量而部分产品需求无法得到满足的情况，这在很大程度上影响了企业的生产环节，造成了企业经济效益的损失。

简单来说，传统物流管理的特点主要表现在以下方面。

①传统物流系统是一个纵向一体化的系统。

②传统的物流系统缺乏合作，形成的供需关系不稳定。

③资源利用率低，企业的有限资源并没有得到合理、科学的使用。

④信息利用率低，市场需求信息不能得到充分、及时的共享。

（2）供应链管理环境下的物流管理

供应链管理环境下的物流管理与传统的物流管理模式相比，在供应链下的物流管理中信息流的比重得到了大幅增加。需求信息和反馈信息的传递也不再是逐级传递了。在这个物流管理系统中，需求信息、供应信息和共享信息由于充分运行都得到了合理的利用。具体来说，在供应链管理模式下的物流管理的特点主要表现在以下几个方面。

①共享信息的增加：共享信息的增加对于供应链管理来说十分重要。信息的共享使得整条供应链上的所有企业都能及时获得关于市场需求及用户反馈等信息，并且所有企业都能随时掌握供应链的运行状况。供应链上每个环节信息的共享和交流使得需求信息不会再出现失真的现象。

②规划物流网络能力的增强：规划物流网络能力的增强也是供应链管理模式下物流特征的一大体现。在供应链环境下对物流网络进行规划，要充分利用起第三方物流系统以及代理运输等方式来缓解库存的压力、提高库存安全水平、减少物流成本。

③作业流程的快速重组：作业流程的重组是指在物流网络管理中消除对增加产品价值没有作用的环节和时间，从而进一步降低物流成本，给供应链反应速度的提高和精细化的运作提供保障。

④跟踪信息能力的加强：跟踪信息能力的加强，能在很大程度上提高供应链物流系统的透明度，同时也给企业对物流过程进行实时监控提供了条件。

⑤合作性与协调性：合作性与协调性是供应链下物流管理的一大重要特征。物流系统的无缝连接是协调性和合作性发挥作用的重要前提，因为只有实现了无缝连接，供应商的产品才能及时送达客户手中，客户的需求才能得到满足。

⑥灵活多样的物流服务：在供应链环境下，物流系统提供的服务越来越多样和灵活，这个特征满足了不同消费者的不同需求，提高了客户对物流服务的满意度。通过信息的共享，企业可以及时获得来自供应商和运输部门的关于用户需求的反馈信息，从而调整产品和服务项目，提高企业对市场和用户特殊需求的反应能力。

（三）供应链管理同物流网络的结合

与传统的物流管理在意义和方法上存在巨大差异，供应链模式下的物流管理为了适应企业经营思想的转变，将新的经营思想付诸实践，在实现供应链上各企业之间同步化运行的同时，提高了快速响应市场的能力，企业应从以下几个方面进行努力。

①实现快速准时交货；

②实现低成本、准时的物资采购；

③实现物流信息的准确传达、信息反馈和共享；

④实现供需协调；

⑤实现物流系统的灵活性与敏捷性。

具体来说，供应链下的管理和物流网络之间的整合主要表现在以下几个方面。

1. 与供应商合作

企业同供应商之间拓宽合作范围，提高合作效率，有助于市场和用户信息的传达和共享，从而在整条供应链上形成一个完整的管理模式，加强整条供应链上所有企业的联系，从而实现供应链管理的基本出发点——共同规划，并给企业提高自身竞争实力提供基础。

2.内、外物流结合

在供应链管理模式下，对物流实行内外物流并行的管理方式就是将物流活动看作一个由原材料采购、生产、分配、销售、产品到达用户多个环节环环相扣的有机整体。这种管理方式主要通过对供应商和用户进行整体的供应运作，来实现信息流和物流的最优化。

3.物流供应链中的库存管理

在供应链模式下对库存进行管理与传统的物流管理不同，传统的物流管理将库存作为维持生产和销售的基本措施，而在供应链模式下，则是将库存管理作为一种调节供应链平衡的机制。采用的具体方法是通过信息共享和反馈，对供应链上相对薄弱的环节进行消除，从而提高整个供应链的工作效益，实现总体平衡。

二、物流系统选择决策

（一）物流系统的基本知识

1.物流系统的目的

物流系统的目的总结来说主要包括以下几方面。

①按照交货时间规定，按时将客户所需商品或服务送达客户手中；

②尽量避免出现用户所需商品的订货断档问题；

③建立物流中心，提高运输效率，维持适当的商品库存量；

④实现物流系统中运输、仓储、搬运、包装等作业流程效率的提高，实现作业流程省力化；

⑤保证订货、出货、配送信息得到及时反馈和传递；

⑥尽可能降低物流成本。

2. 物流系统的组成

物流系统由两部分组成，一是物流作业系统；二是物流信息系统。

（1）物流作业系统

物流作业系统是指在物流流程中所有的作业流程，包括运输、保管、搬运、包装、流通加工等。物流作业系统的改善就是要借助先进技能，尽可能提高这些作业流程的工作效率，实现生产据点、物流据点、运输路线、配送路线以及运输手段等的网络化。

（2）物流信息系统

物流信息系统包括物流过程中所有流程需要的信息，从订货需求、进货信息到库存和出货信息等。优化物流信息系统就是在保证订货、进货、库存、出货等流程的信息通信基础上，实现通信据点、通信线路、通信手段等的网络化，从而为提高物流效率提供支持。

（二）影响物流系统选择的因素

1. 企业对物流控制力的要求及产品自身的物流特点

（1）企业对物流控制力的要求

一般情况下，企业根据自身所处行业的不同，对物流的控制力也会表现出不同的要求。通常在竞争激烈的行业中，企业对物流的控制力要求都会较高，在这种情况下，企业通常会采用自营物流的模式，来加强对渠道或供应链过程的控制。

（2）企业产品自身的物流特点

企业生产或最终制造的产品的自身特点也对企业选择物流模式产生着重要影响。根据产品特点的不同，企业选择的物流模式也不同，一般存在以下几种。

①大宗工业品原料的回运过程以及鲜活产品的分销过程尽量选择固定的专业物流公司进行短渠道运输。

②远距离的全球市场范围内的分销则适宜选择地区性的专业物流公司运营

产品的运输。

③产品线较为单一的产品适宜在龙头公司的统一调度下采用自营物流的模式。

④技术性较强产品的物流运输则适合采用委托代理的方式。

⑤对于非标准设备的制造商企业来说，适宜选择专业的物流公司进行产品的运输和分销。

2. 企业的规模和实力

企业自身的规模和实力也是影响企业选择物流系统的重要因素。通常情况下，大中型企业由于实力较雄厚，有资本建立自己的物流系统，因此通常会选择自营的物流方式。而对于一些规模较小的企业，公司规模小、业务范围窄且人力成本有限，不能花费足够的精力在物流管理上，因此通常会选择将物流管理交给第三方主业物流公司进行代理。

3. 物流系统的总成本

物流系统总成本的计算公式具体如下：

$$D=T+S+L+F_w+V_w+P+C$$

在上式中，D 表示物流系统的总成本，T、S、L、F_w、V_w、P 以及 C 分别代表的是物流系统中的总运输成本、库存维持费用、批量成本、固定仓储费用、变动仓储费用、订单处理和信息费用以及顾客服务费用。

这些成本之间存在着"二律背反"的现象，也就是说，减少仓库货物数量时，会带来保管费用的降低，但同时会由于运输距离和运输次数的增加而使得运输成本上升。因此，在选择物流系统时，一定要对所有的成本因素进行综合考量，不要因小失大。

（三）一体化系统

在 20 世纪末，一体化的物流系统成为最具影响力的物流趋势之一。一体化物流系统是指不同的企业或职能部门之间为了达到降低物流成本、提高物流效率的目的而进行的物流上的合作。

一体化的物流系统主要包括 3 种形式：垂直一体化物流系统、水平一体化物流系统以及物流网络。其中应用最为广泛的是垂直一体化物流系统。

1. 垂直一体化物流系统

垂直一体化物流系统对企业的要求：将提供产品或运输服务等的供应商和用户都纳入企业的管理范围，并将物流管理作为企业管理的一项重要内容。在垂直一体化物流系统中，企业应该对产品或服务从原材料的采购到产成品送达用户手中的所有环节进行管理。企业要通过与供应商和用户的合作关系，尽力与他们形成联合力量，从而提高企业的竞争实力。

2. 水平一体化物流系统

水平一体化系统是指处以同一行业中的多个企业通过在物流方面的合作来实现规模经济，从而提高物流效率的物流系统。当然，在产品的联合采购货运输的过程中，由于各个企业对产品需求的时间和区域存在差异，因此，为了促进物流合作的顺利进行，物流过程中各个环节的及时信息是重要的基础和依据。因此，企业之间可以通过建立信息中心，来保证信息的及时共享和畅通传达。同时，大量的企业参与和大量的商品存在也是水平一体化物流系统可以顺利运行的重要条件。

3. 物流网络

物流网络是垂直一体化物流系统和水平一体化物流系统相结合的产物。当某个一体化物流系统中的每一个环节同时又是其他一体化物流系统中的重要内容时，就构成了物流网络。物流网络是一个开放的系统，企业可以随时选择加入或退出。物流网络经常运用于业务繁忙的季节。

三、供应链中的物流组织与管理

（一）流入物流

流入物流就是企业的供应物流。

1. 流入物流的概念

流入物流就是指在企业的经营过程中，为了保证生产的准时进行和精细运作，而进行的对生产原材料、零部件、辅助材料等物品的及时补充。流入物流对于企业的正常生产和高效运行发挥着重要作用。传统的物流组织模式以运输能力和成本为核心，而在供应链下的物流组织则是以成本为驱动。流入物流的组织设计要以整个流入物流网络的能力和成本为重点考虑对象，以降低交货成本为主要目标。

我们通常所说的流入物流就是指企业的供应物流。供应物流的目标就是通过尽可能低的价格获得质量稳定的原材料和零部件。这在很大程度上加大了企业对供应物流管理的难度，为了达到上述目标，企业必须在供应物流的网络、方式以及零库存等方面进行完善和努力。

合理科学的流入物流组织可以有效地实现降低运输成本和库存水平的目标，从而减少企业的人力和物流设备的投入，缓解物流压力。

2. 流入物流的采购管理改善

采购管理的改善是流入物流组织管理中的重要内容。以下几个现象充分反映出企业加大改善采购管理力度的重要性。

（1）采购计划的编制和修改

采购计划员在企业中的主要任务就是根据企业的生产计划进行采购计划的编制。但是采购计划员编制完成的采购计划并不会用来直接进行采购，而是会经过有经验的高层领导的修改和审核。也就是说，对采购计划的编制，还是需要进行层层慎重审核，采购计划对于企业的最终采购和生产都起到了重要的作用。

（2）计划外采购的出现

企业中经常出现的计划外采购在实际中都需要领导特批才能进行，但是有些情况下，经过领导特批采购回来的产品或原材料却迟迟无法参与生产。也就是说，在对计划外采购进行审核时，也应该严格参考生产计划。

（3）采购成本的控制

企业之间的竞争归根结底就是产品成本的竞争，但是在当今生产设备自动化水平越来越高的环境下，产品生产成本的可调节幅度已经越来越小，要想降低企业的整体成本，就只能从采购成本的控制入手。

上述这些现象的出现，归结原因，都是信息的不通畅和信息得不到共享。由于信息不能及时传递给企业，采购计划才会经过一次又一次的修改；由于市场信息无法及时反馈给企业，才会出现因计划不当而造成采购物品的库存过量的现象。因此，为了避免上述现象再次发生，企业应加大对采购信息的收集力度，对生产计划提出的需求计划、库存量不足造成的库存补给计划以及其他采购需求进行严格监管，保证采购商品都是有效的流入物流。

3. 供应物流的过程

供应物流的过程会因为企业的不同类别、不同供应环节以及处于供应链的不同而存在差异，但是其基本模式大致相同。总体来说，供应物流要经历以下几个流程。

（1）取得资源

取得资源是供应物流的第一个步骤，也是之后所有环节的重要前提。需要获得的资源种类、数量、规格等取决于企业的核心生产计划，同时在进行资源的采购时要充分考虑相应的技术条件和成本条件。

（2）组织到厂物流

组织到厂物流就是将在经过多次装卸、搬运以及多种运输方式的货物送达企业门口的过程。而在到厂之前，货物经历的一系列的运输过程都属于企业外部的物流过程。

（3）组织厂内物流

与到厂物流相对的是厂内物流，上面一个步骤中"到达企业门口"其中的"门"是企业内外物流的分界点，厂内物流就是指从这个"门"开始继续物流活动，使货物最终到达生产车间的物流过程。

4. 供应物流的模式

企业供应物流的模式主要包括3种，分别是委托社会销售企业进行供应物流的代理、委托第三方物流企业进行供应物流的代理以及企业自己进行供应物流的运营。这 3 种模式都可以划分为不同的层次，其中主要的供应的方式包括供应链方式、准时供应方式、零库存方式等。

（二）内部物流

对内部物流的组织一般情况下就是指对企业生产物流的组织。

1. 内部物流的概念

内部物流一般就是指企业的生产物流，企业的生产物流是指企业在进行工艺生产中存在的物流活动，涉及企业的生产运作管理，包括原材料和零部件从生产到半成品再到最后产成品的全部流动过程。内部物流的流动过程实际上已经成为企业生产工艺的一个组成部分。

2. 内部物流的库存管理改善

相对于流入物流中的采购管理改善，在内部物流中则是对库存管理进行改善，下面一些实例体现了在内部物流的运行过程中，还是有一些隐患存在的。

（1）原材料的库存时间

在一个产品的生产过程中，会涉及多种多材料和零部件，这当中就存在一个问题，那就是这些原材料储存在仓库中多长时间是最为合适的，既不耽误产品的生产，又不会给库存成本带来负担。

（2）库存货物质量管理

在很多企业普遍存在这样一个问题，就是对库存商品的质量不进行及时、经常性的检查，这就会出现一些容易发生质量变化的商品在仓库中明明已经发生质变，但是还没有得到处理的情况，并且在企业的产品目录上，变质的产品也不会及时被去除。

（3）对库存报表的忽视

很多企业往往忽略了对库存报表进行及时的更新和整理，这就会导致领导检查商品时不参照库存报表、库存报表的数据和实际数据存在差异等现象的发生。久而久之，库存报表就很有可能形同虚设。

以上这些现象都体现了在内部物流的运行过程中，如果不重视对库存的管理，那么很有可能给企业带来更多的工作量，增加企业员工及领导的压力，同时造成不必要的经济损失。

因此，加强对物料的配套管理应该是企业管理中非常重要的组成部分。只有物流管理得到了重视和充分保证，才可以实现企业的按需采购、按需储存和按需发货。

改善库存管理，要从两方面进行努力，首先要改善企业的硬环境，其次要提高企业的软管理水平。硬环境主要是指对仓库的厂房建设、通风状况进行改善；软管理是指借助科学技术，及时发现管理中存在的问题并加以改正。

3.生产物流的过程

内部物流，也就是企业生产物流的过程，大致可以分为4个环节。

①原材料、零部件、燃料等辅助材料进行企业的仓库的"门"。

②辅助材料正式投入生产并随着生产过程在各个环节中流动。

③辅助材料在生产过程中被加工，并且产生一些不会在最终产成品中出现的余料和废料。

④生产加工完结，原材料等辅助材料最终被加工为产成品并运至成品仓库。

（三）流出物流

1.流出物流的概念

流出物流就是企业的销售物流，是指企业将生产完成的产品的所有权经过销售转给批发商、零售商或用户的流动过程。流出物流是企业经营效益的重要保证。在现代市场完全是买方市场的环境中，企业的流出物流往往带有很强的服务性，这在很大程度上扩展了企业的销售范围，也同样给企业的流出物流管理增加了难度。

在买方市场的背景下，企业的流出物流就是通过包装、送货、配送等一系列的物流操作实现销售，这就给企业提出了加强运输管理的要求，包括送货方式的选择、运输路线的确定以及包装水平的改善。

2. 流出物流的过程

流出物流，也就是企业的销售物流在组织过程中往往要经历以下两个过程。

①从生产企业的成品仓库出发，经过分销物流，到达分销商手中。

②再经过配送等流程实现市内和区域范围内的物流活动，到达企业的用户或最终消费者手中。

3. 销售物流的模式

销售物流的组织模式主要包括3种，即由生产企业自主完成销售物流的组织、产品生产企业委托第三方进行销售物流组织的代理以及有购买方自行上门取货。

（四）逆向物流

逆向物流就是通常所说的企业的回收物流。

1. 逆向物流的概念

逆向物流就是一种同传统的供应链完全相反，对原材料、产成品等从消费地开始直到回到企业仓库的全程进行计划、管理和控制的过程。

逆向物流的目的是通过对退货产品进行回收和管理，降低企业损失，实现成本下降，提高客户满意度。几年来，逆向物流开始受到业界的普遍关注，在企业已经将可以降低成本的领域都开发完了之后，逆向物流的组织为企业降低产品成本又提供了新机会。

2. 逆向物流的分类和特点

（1）逆向物流的分类

按照形成原因、途径和处置方式的不同，逆向物流主要被分为六大类，分别是投诉退货、终端使用退回、商业退回、维修退回、生产报废以及副品与包装。

（2）逆向物流的特点

表5-2是针对上述分类的逆向物流的特点。逆向物流是企业价值链中非常特殊的一个环节，因此它在很多方面都与传统的物流存在明显的区别。根据上述对逆向物流的分类，可以总结出不同种类的逆向物流的特征。

表 5-2 逆向物流的类别和特点

类别	周期	驱动因素	处理方式	例证
投诉退货、运输短少、偷盗、质量问题、重复运输等	短期	市场营销客户满意服务	确认检查，退换货补货	电子消费品如手机、DVD 机、录音笔等
终端退回完全使用后需处理	长期	经济市场营销	再生产再循环	电子设备的再生产、地毯循环、轮胎修复
		法规条例	再循环	白色和黑色家用电器
		资产恢复	再生产再循环处理	电脑元件及打印硒鼓
商业退回未使用商品退回还款	短期到中期	市场营销	再使用再生产再循环处理	零售商积压库存，时装，化妆品
维修退回缺陷或损坏产品	中期	市场营销法规条例	维修处理	有缺陷的家用电器、零部件、手机
生产报废和副品生产过程中的废品和副品	较短期	经济法规条例	再循环再生产	药品行业、钢铁业
包装包装材料和产品载体	短期	经济	再使用	托盘、条板箱、器皿
		法规条例	再循环	包装袋

四、第三方物流与供应链管理

（一）供应链中企业运用第三方物流的优势

1.企业获得更加专业化的服务，降低运营成本

第三方物流公司将多个企业的需求进行集成运输。在供应管理模式下，由于各企业都采取多批次、小批量的采购和运输方式，因此会造成运输频次的增加，从而提高运输成本，第三方物流将多个企业的商品和服务集成到一起，采用混装运输的方式，提高每频次的运输数量，从而降低运输成本。企业在将物流业务外包给第三方物流获得更专业化服务的同时，也降低了企业的运营成本。

2.解决企业资源有限的问题，专注核心业务发展

企业的主要资源包括资金、技术、人才、生产设备、销售网络以及配套设施等。这些因素都是制约企业发展的重要指标。因此，企业想要更好地提升自身竞争力，就应该把这些有限的资源集中运用在核心业务的开发上，如果企业在开发核心业务的同时，还要兼管物流服务的开发，就会造成资源供不应求的状况。将物流外包给第三方专业公司能有效解决这一问题，企业可以集中资源在核心能力的提高上，从而保证自身能持续地发展下去。

3.提高企业的运作柔性和形象

提高企业的柔性也是企业选择第三方物流系统的重要原因之一。企业通过将物流外包给第三方专业公司来实现企业组织结构的精简，从而减少由于企业组织规模过大导致的组织反应迟钝、缺少创新精神的问题。同时，第三方物流企业能为用户提供更加专业化的服务，这对企业树立良好的品牌形象、吸引更多的客户有重要意义。

4.降低风险

企业通过外包物流业务，实现了和其他企业共同承担物流业务风险的目的，从而降低了自身的物流风险。同时，企业之间可以通过建立战略同盟关系的方式，促进各企业发挥自己的所长，从而促进生产商品的质量得到保证，减轻各企业的运营风险。

（二）企业运用第三方物流系统的决策步骤

企业在运用第三方物流系统时，通常要考虑到重要因素，比如物流外包的产品内容、物流外包的对象、物流外包的控制等。总的来说，企业在进行第三方物流系统的决策时要经历以下步骤。

1.内部分析评价

企业在进行物流外包之前，首先要确定自身的核心业务，确定出核心业务之后，企业的非核心业务就成为可以外包的对象。具体在选择外包内容的时候应该考虑以下因素。

①这些功能和活动的评价是什么；

②这些活动的依赖性是什么；

③这些活动是否会成为企业的核心业务和能力。

2.供应商评估和选择

在确定了具体的外包内容之后，就要对供应商进行选择。在对供应商进行评估和选择时，也应当考虑第三方物流企业的多重因素，具体包括：信誉问题、财务状况、设备状况、物流人才、文化适应程度以及被证实的跟踪记录等。此外，还可以同供应商的现有客户进行沟通，来了解供应商的详细信息。

3.执行和管理

外包方案确定后，就要对方案进行执行和管理。企业对外包方案管理的通常做法：成立一个专门的项目管理小组，管理小组主要负责同外包商进行谈判、对外包项目的进程进行评价、收集和及时反馈外包项目的信息，同时，当外包商违反合同规定，提供的产品或服务不符合标准时，项目小组有权对外包商提出异议，并促其进行修改。

培养良好的外包关系，不仅有利于企业降低自身的外包风险，而且能促进外包项目的顺利实施。为了达到这个目的，企业可以同外包商之间建立相互信任的合作关系，利用双方的企业优势进行互补，从而实现企业同外包商的效益双赢。

第三节　物流与供应链协同策略

一、物流与供应链协同的信息技术应用

（一）物流与供应链征信

区块链技术能够收集供应链网络中各环节的可信数据，比如交易数据、服

务评分等，同时区块链技术本身具有极优的审查方式，能够利用智能合约自动计算出企业或者个人的征信评级，然后将这些征信评级结果写入区块链中，为各行业提供高信度的物流与供应链征信服务。

（二）物流与供应链金融

区块链技术能够借助自身的优势将物流与供应链金融网络中的资金方、供应商等参与者放置在一个互通互联的网络中，实现数字资产化，同时区块链技术的可信机制和服务平台为中小微企业解决了跨境业务中信息可信度低、虚假融资和重复融资的难题。

（三）物流追踪与产品溯源

随着供应链的可追溯性对食品安全和产品质量重要性的提高，物流追踪和产品溯源逐渐成为区块提高从产品的起源到销售的可视能力，为供应链提供更高层次的可见性，使供应链的参与者具有追溯信息的能力。

二、物流与供应链的集成管理

物流与供应链的集成管理是实现协同策略的基石。通过整合物流与供应链管理流程，企业能够确保从原材料采购到产品交付的每个环节都高效协同工作。集成管理策略包括统一的信息系统、标准化的操作流程和跨部门的沟通机制，这些措施有助于降低库存成本、缩短交货周期，并提高客户满意度。

（一）集成供应链管理系统的概念

供应链是由具有多种不同功能的链节形成的链条，每个链节实现供应链的一个或几个功能。供应链各链节之间彼此相互制约、相互影响，组成一个有机整体，共同实现供应链的总目标。为了优化其性能，供应链的各个链节必须采用一种协调的方式以相同的节奏运作。但是，电子商务环境下经济活动的多变性使这种协调关系变得复杂化，从而导致传统供应链运作的实际进程和结果与计划发生偏差。在某些情况下，这些问题可能在局部得到解决，也就是说，可能在某个供应链环节或某个供应链功能范围之内得到协调解决。而在另外一些情况下，问题就不这么简单了，可能需要涉及供应链跨链节、跨组织、跨职能之间的协调。

因此，供应链管理系统必须具有跨越供应链多个链节或功能来协调计划调整的内在机制。具有这种内在机制的供应链就是企业在电子商务环境下的研究重点——集成供应链管理系统。

要成功地实施供应链管理，使供应链管理真正成为有竞争力的武器，就要抛弃传统的管理思想，把企业内部以及节点企业之间的各种业务看成一个整体功能过程，形成集成化供应链管理体系。通过信息、现代制造和管理技术，将企业生产经营过程中有关的人、技术、经营管理三要素有机地集成并优化运行。通过对生产经营过程的物料流，管理、决策过程的信息流进行有效控制和协调，将企业内部的供应链与企业外部的供应链有机地集成起来进行管理，达到全局动态最优目标，以适应在新的竞争环境下市场对生产和管理过程提出的高质量、高柔性和低成本的要求。

为了能及时传播信息，准确地协调决策管理人与系统的行为，需要不断提高供应链管理系统的协调敏捷性和灵活性。正是这种协调的敏捷性和灵活性，最终决定了企业组织能够有效地、协调地实现它自身的目标。这个结论与电子商务时代管理学上另一个热点——敏捷管理与精益管理理论是一致的。

（二）集成供应链管理的目标、内容

优化供应链管理系统的功能，使供应链的各链节、各功能实现最佳配合与协调，共同保证供应链目标的实现，是集成管理供应链管理系统研究的基本出发点和基本目标。

集成供应链管理系统研究的内容主要包括：供应链的需求和资源预测、供应链服务水平、供应链运作的多层次计划、供应链控制机制、供应链的分析诊断咨询、供应链的设计开发和改进、供应链计划的执行、供应链活动的指挥协调、供应链效益衡量、供应链的竞争力分析等。

应该说，上述研究内容对供应链管理系统非常重要，但是，如前所述，集成供应链管理研究的重点是必须致力于解决供应链系统中协调的敏捷性和灵活性问题。

目前，多数研究人员正是基于这种认识，遵循这样一条研究思路：将集成供应链管理系统的内在机制视为由相互协作的、智能代理模块组成的网络；每个代理模块实现供应链的一项或几项职能；每个代理模块又与其他代理模块之间协调其行动。

为了建立适应电子商务要求的供应链敏捷的代理模块，必须建立与供应链各链节配套的实时信息发布与传输系统、智能决策支持系统等。因此，从供应链应用信息技术的实际以及存在的问题来看，集成供应链管理系统在现阶段的研究目标集中于以某种方式支持供应链智能代理模块系统的构建。从系统开发者的角度而言，这种方式需要最少的代码设计，能够确保代理模块之间采用最迅捷的信息交流、最有效的协调机制以及最佳解决问题的机制。

（三）集成供应链管理实现的步骤

企业从传统的管理模式转向集成供应链管理模式，一般要经过五个阶段，包括从最低层次的基础建设到最高层次的集成化供应链动态联盟，各个阶段的不同之处主要体现在组织结构、管理核心、计划与控制系统、应用的信息技术等方面。

1.阶段1：基础建设

这一阶段是在原有企业供应链的基础上分析、总结企业现状，分析企业内部影响供应链管理的阻力和有利之处，同时分析外部市场环境，对市场的特征和不确定性做出分析和衡量，最后相应地完善企业的供应链。

在传统型的供应链中，企业职能部门分散、独立地控制供应链中的不同业务。企业组织结构比较松散。这时的供应链管理主要具有以下特征。

①企业的核心注重于产品质量。过于注重生产、包装、交货等的质量，可能导致成本过高，因此，企业的目标在于以尽可能低的成本生产高质量的产品，以解决成本—效益障碍。

②关于销售、制造、计划、物料、采购等的控制系统和业务过程相互独立、不相匹配，因部门合作和集成业务失败导致多级库存等问题。

③组织部门界限分明，单独操作，往往导致相互之间的冲突。采购部门可能只控制物料来源和原材料库存；制造和生产部门通过各种工艺过程实现原材料到成品的转换；销售和分销部门可能处理外部的供应链和库存，而部门之间的关联业务往往就会因各自为政而发生冲突。

处于这一阶段的企业主要采用短期计划，出现困难时需要一个一个地解决。虽然企业强调办公自动化，但这样一种环境往往导致整个供应链的效率低下，同时也增加了企业对供应链和需求变化影响的敏感度。

2.阶段2：职能集成

职能集成阶段集中于处理企业内部的物流。企业围绕核心职能对物流实施集成化管理，对组织实行业务流程重构，实现职能部门的优化集成。通常可以建立交叉职能小组，参与计划和执行项目，以加强职能部门之间的合作，解决本阶段可能存在的不能很好满足用户订单的问题。

职能集成强调满足用户的需求。事实上，用户需求在今天已经成为驱动企业生产的主要动力，而成本则在其次，但这样往往导致本阶段的生产、运输、库存等成本的增加。此时供应链管理主要有以下特征。

①将分销和运输等职能集成到物流管理中来，制造和采购职能集成到生产职能中来。

②强调降低成本而不注重操作水平的提高。

③积极为用户提供各种服务，满足用户需求。

④职能部门结构严谨，均有库存作为缓冲。

⑤具有较完善的内部协定，如采购折扣、库存投资水平、批量等。

⑥主要以订单完成情况及其准确性作为衡量指标。

在集成化供应链管理的第二阶段，一般采用 MRP 系统。但对于分销网而言，需求得不到准确的预测和控制，分销的基础设施也与制造没有有效地联结。用户的需求得不到确切的理解，从而导致计划不准确和业务的失误，因此，在第二阶段要采用有效的预测技术和工具，对用户的需求做出较为准确的预测、计划和控制。

但是，以上采用的各项技术之间、各项业务流程之间、技术与业务流程之间都缺乏集成，库存和浪费等问题仍可能困扰企业。

3. 阶段3：内部供应链集成

这一阶段要实现企业直接控制领域的集成，要实现企业内部供应链与外部供应链中供应商和用户管理部分的集成，形成内部集成化供应链。集成的输出是集成化的计划和控制系统。为了支持企业内部集成化供应链管理，主要采用供应链计划（SCP）和 ERP 系统来实施集成化计划和控制。这两种信息技术都是基于客户 / 服务体系在企业内部集成的应用。有效的供应链计划集成了企业所有的主要计划和决策业务，包括：需求预测、库存计划、资源配置、设备管理、优化路径、基于能力约束的生产计划和作业计划、物料和能力计划、采购计划等。ERP系统集成了企业业务流程中主要的执行职能，包括：订单管理、财务管理、库存管理、生产制造管理、采购等职能。供应链计划和 ERP 通过基于事件的集成技术联结在一起。

本阶段企业管理的核心是内部集成化供应链管理的效率问题，主要考虑在优化资源、能力的基础上，以最低的成本和最快的速度生产最好的产品，快速地满足用户的需求，以提高企业的反应能力和效率。这对于生产多品种或提供多种服务的企业来说意义更大。企业运作柔性的提高也变得越来越重要。在本阶段需构建新的交叉职能业务流程，逐步取代传统的职能模块，以用户需求和高质量的预测信息驱动整个企业供应链的运作。因满足用户需求而导致的高服务成本是此阶段管理的主要问题。

在这个阶段，企业可以考虑同步化的需求管理，将用户的需求与制造计划和供应商的物料流同步化，减少不增值的业务。同时，企业可以通过广泛的信息网络（而不是大量的库存）来获得巨大的利润。

此阶段的供应链管理具有以下特征：

①强调战术问题而非战略问题。

②制定中期计划，实施集成化的计划和控制体系。

③强调效率而非有效性，即保证要做的事情尽可能好、尽可能快地完成。

④从采购到分销的完整系统具有可见性。

⑤信息技术的应用。广泛运用 EDI 和互联网等信息技术支持与供应商及用户的联系，获得快速的反应能力。EDI 是集成化供应链管理的重要工具，特别是在进行国际贸易合作需要大量文件时，利用 EDI 可以使企业快速获得信息和更好地为用户提供优质服务。

⑥与用户建立良好的关系，而不是"管理"用户。

4.阶段 4：外部供应链集成

实现集成化供应链管理的关键在于第四阶段，通过整合企业内部供应链与外部的供应商和用户，形成一个集成化供应网链。而与主要供应商和用户建立良好的合作伙伴关系，即所谓的供应链合作关系，是集成化供应链管理的关键。

在此阶段，企业要特别注重战略伙伴关系管理。管理的焦点要以面向供应商和用户取代面向产品，增加与主要供应商和用户的联系，增进相互之间的了解（产品、工艺、组织、企业文化等），相互之间保持一定的一致性，实现信息共享等，企业通过为用户提供与竞争者不同的产品 / 服务或增值的信息而获利。VMI和协同计划、预测与供给的应用就是企业转向改善、建立良好的合作伙伴关系的典型例子。通过建立良好的合作伙伴关系，企业就可以很好地与用户、供应商和服务提供商实现集成和合作，共同在预测、产品设计、生产、运输计划与竞争策略等方面设计和控制整个供应链的运作。对于主要用户，企业一般建立以用户为核心的小组，这样的小组具有不同职能领域的功能，从而更好地为主要用户提供有针对性的服务。

该阶段的企业，生产系统必须具备更高的柔性，以提高用户需求反应能力和速度。企业应根据不同用户的需求，既能按订单生产组装、包装，又能按库存生产。这样一种根据用户的不同需求对资源进行不同优化配置的策略称为动态用户约束点策略。延迟技术可以很好地实现以上策略，延迟技术强调企业产品生产加工到一定阶段后，等待收到用户订单以后根据用户的不同要求完成产品的最后加工、组装，这样，企业供应链的生产就具有了很高的柔性。

为了达到与外部供应链的集成，企业必须采用适当的信息技术为企业内部的信息系统提供与外部供应链节点企业很好的接口，达到信息共享和信息交互、相互操作的一致性。这些都需要采用互联网信息技术。

在本阶段，企业采用 POS 驱动的同步化、集成化的计划和控制系统。它集成了用户订购数据和合作开发计划，基于约束的动态供应计划、生产计划等功能，以保证整个供应链中的成员同步化地进行供应链管理。

5. 阶段 5：**集成化供应链动态联盟**

在完成以上四个阶段的集成后，已经构成了一个网链化的企业结构，我们称之为供应链共同体，它的战略核心及发展目标是占据市场的领导地位。为了达到这一目标，随着市场竞争的加剧，供应链共同体必将成为一个动态的网链结构，以适应市场变化、柔性、速度、革新、知识等需要，不能适应供应链需求的企业将被供应链联盟淘汰。供应链从而成为一个能快速重构的动态组织结构，即集成化供应链动态联盟。企业通过互联网商务软件等技术集成在一起以满足用户的需求，一旦用户的需求消失，它也将随之解体。而当另一需求出现时，这样的一个组织结构又由新的企业动态地重新组成。在这样的一个环境中求生存，企业如何成为一个能及时、快速满足用户需求的供应商，是企业生存、发展所面临的重要问题。

集成化供应链动态联盟是基于一定的市场需求、根据共同的目标而组成的，通过实时信息的共享来实现集成。主要应用的信息技术是互联网的集成，同步化、扩展的供应链计划和控制系统是主要的工具。基于互联网的电子商务取代传统的商务手段，是供应链管理发展的必然趋势。

在供应链中，所有的节点企业基于为用户提供质量最好、价值最高的产品或服务的共同目标而相互紧密地联结在一起，而松散的联结是不能增值的，不管链中哪一点的失误，都可能导致整个供应链出现产品或服务的质量问题。电子商务 QR、ECR 等的出现与应用，则扫清了用户和供应商之间的障碍。

知识经济时代的到来，信息替代了劳动力和库存，成为提高生产力的主要因素，而企业用于提高决策水平的信息更多地来源于电子商务。供应商通过 EDI 给其用户发出船运通知单，通知用户什么产品将于何时出运，用户可以利用这条信息更改其库存水平。而分销商把销售点和预测信息传送给他们的供应商，供应商再根据这些信息进行计划和生产。当供应链中节点企业能很好地通过电子商务达到信息共享后，企业就可以提高生产力、提高质量，为产品提供更大的附加值。

通过电子商务的运用，能有效拉近供应商、制造商、分销商和用户之间在供应链中的关系，而且在企业内部，电子商务可以加强部门之间的联系。如互联网加强了用户推动机制，使用户可以直接从供应商那里获得产品的同时，获得有用信息，而且通过互联网，企业能以更低的成本加入供应链联盟。根据电子商务与供应链管理的结合应用，可以建立基于电子商务的信息组织与集成模式。

三、基于供应链协同的物流服务质量提升策略

（一）物流服务质量概述

物流服务质量是指企业通过固有的特性提供物流的服务，并达到服务标准、满足物流客户和其他相关要求的能力，也是整个物流服务过程和结果的集合，是通过物流企业和客户在合作的过程中相互作用实现的。物流服务质量的本质是对客户物品利用可能性的物流保证，是物流企业通过一定的服务方式和流通渠道，实现物品在时间、空间和一定形体与质量状态方面的改变，并满足客户各方面需求的能力体现。服务质量以满足顾客需要为目的，是顾客感知所提供服务的好坏程度，而顾客对服务质量的认识取决于他们预期的服务水平同实际所感受到的服务水平的对比。顾客对服务质量的评价不仅要考虑服务的结果，而且要考虑服务的过程。

物流服务质量的形成主要来自3个方面：设计来源、供给来源、关系来源。对于物流企业来说，提供高质量的物流服务不仅关系到客户的满意度和忠诚度，还直接影响到企业的竞争力和市场份额。

（二）供应链协同对物流服务质量的影响

1. 提高物流服务效率

在传统的物流运作模式下，各个环节之间的信息传递和协调往往存在障碍，导致物流服务效率低下。通过供应链协同，各个环节可以实现信息共享和流程对

接，从而减少信息传递的延迟和误差，提高物流服务效率。例如，通过供应链协同，企业可以实时了解货物的库存情况和运输状态，从而更好地安排货物的生产和配送，减少库存积压和缺货现象的发生。

2.提高物流服务可靠性

在供应链协同模式下，各个环节之间的合作更加紧密，可以更好地应对各种突发情况，减少货物损失和延误。在运输过程中，难免会遇到天气恶劣、交通拥堵等突发情况。通过共享信息和实时监控，供应链参与者可以及时了解到突发情况的发生，并采取相应的措施。例如，可以调整运输计划，选择其他路线或采取应急措施，以确保货物能够按时到达目的地。

3.提高客户满意度

在竞争激烈的市场环境下，客户满意度是衡量企业竞争力的重要指标之一。通过优化物流流程和提高协同配送能力，可以减少物流环节中的问题和错误，提高服务质量的一致性和稳定性。供应链协同还可以加强与客户之间的沟通和协调，确保客户需求得到满足，进一步提升客户满意度。

（三）基于供应链协同的物流服务质量提升

1.建立供应链协同机制

建立供应链协同机制是物流服务质量提升的关键措施之一。该机制旨在实现供应链各环节之间的信息共享和流程对接，以提高物流服务的效率、准确性和响应能力。

首先，建立供应链信息共享平台。通过该平台，各供应链参与方可以实时共享订单信息、库存信息、运输状态等数据，实现对整个供应链的全面掌控和监管。例如，供应商可以根据订单信息及时安排生产和出货，仓库可以根据库存情况合理调配货物，运输公司可以根据实时的运输需求进行合理调度。这样，各环节之间的信息交流和共享得以加强，避免信息断层和协作失误，提高物流服务的准确性和及时性。

其次，建立流程对接机制。在供应链协同中，明确各环节的责任和协作方式至关重要。通过制定供应链协同流程，规范各环节之间的工作流程和衔接方式，可以确保订单的流转、货物的装卸和运输等环节之间的顺畅衔接。例如，当一个订单生成时，供应商能够及时确认并准备货物，仓库能够迅速进行货物的装卸和分拣，运输公司能够按时提货并按计划进行运输。流程对接的有效实施可以缩短信息传递的时间、降低成本，提高物流服务的效率和准确性。

最后，为了实现供应链协同，各供应链参与方需要定期沟通和协商，共同解决问题、分享经验和最佳实践。定期的供应链协商会议或沟通机制可以帮助各参与方更好地了解彼此的需求和挑战，加强合作关系，共同制定解决方案，并确保其有效实施。通过沟通与协商，供应链中的各方能够充分理解和满足彼此的需求，提高物流服务的质量和效果。

2.优化库存管理

通过科学的库存管理策略，企业能够更好地应对市场需求的变化，提供快速响应和高效的物流服务，降低库存风险和库存成本，提升物流服务的灵活性和竞争力。

首先，库存需求预测是优化库存管理的基础。通过供应链协同，实现需求信息和销售数据的共享，并采用先进的预测方法和技术，结合供应商的实时信息，能够更准确地预测产品的需求量和销售趋势。准确的需求预测可以帮助企业合理规划和管理库存，避免库存过剩和缺货的风险，提高库存管理的准确性和效率。

其次，库存优化策略是实现库存管理的关键。针对不同类别的产品，采取不同的库存控制策略。对于畅销品和季节性产品，可以采用定期补货和快速补货的方式，以减少库存缺货。根据实际需求和销售情况合理调整补货周期和数量，能够避免库存积压和滞销。对于滞销品，可以采取降价促销、清仓处理等方式减少库存积压，并释放资金用于其他方面的投资。通过精细化的库存优化策略，可以降低库存成本，提高库存周转率。

最后，还需与供应商建立紧密的合作关系，共享库存信息和实施定期库存盘点，可以实现库存的可见性和透明度。通过与供应商的协调，根据实际需求和销售情况及时调整采购计划和库存策略。供应链协同可以帮助企业更好地管理库存，避免因库存过多或过少而导致的问题，降低库存成本，提高库存周转率。

3. 强化物流配送网络建设

通过优化配送网络结构，可以实现快速、准确、可靠的物流配送，满足客户的需求，提升物流服务的质量。

首先，优化物流配送网络结构。合理规划和布局物流配送中心、仓库和运输线路，确保物流节点与客户之间的高效衔接。通过分析销售数据、客户需求和市场趋势，确定合适的配送中心和仓库位置，以实现物流配送的快速响应和高效运作。此外，在考虑交通拥堵和运输距离的基础上进行运输线路和配送路径的优化，可以最大限度地缩短运输时间和降低成本。

其次，引入先进的物流配送技术。例如，利用物联网技术和传感器设备，实现对物流车辆和货物的实时监控和追踪。通过 GPS 定位、无线通信和云平台，可以随时掌握物流车辆的位置、运输状态和货物的实时信息，提高配送的可视化和追踪能力。同时，利用路线规划软件和智能调度系统进行配送路径和调度计划的优化，通过引入先进的物流配送技术实现物流配送过程的自动化和智能化，可以大幅提高配送效率和准确率。

最后，加强物流配送人员培训和管理。物流配送人员是物流服务的关键执行者，他们的操作技能和服务态度直接影响物流配送的效果。因此，通过加强培训可以提升物流配送人员的专业素养和技能水平，使其具备快速、准确处理配送任务的能力。同时，建立科学的绩效评估和激励机制，激发物流配送人员的积极性和责任心，提高其服务质量和执行效率。通过加强物流配送人员培训和管理，可以提高配送效率和准确率，确保物流配送的质量和可靠性。

4. 加强供应商选择与评估

加强供应商选择与评估对于物流业来说，是确保供应商服务质量的关键措施。物流业依赖于供应商提供高质量的物流服务和可靠的供应链支持。通过加强供应商选择与评估，物流企业可以确保选择到合适的供应商，并提高供应商的服务质量，从而提升整体物流运作效率和客户满意度。

首先，在供应商选择阶段，物流企业应该综合考虑多个因素来确保选择到合适的供应商。重要因素包括供应商的物流能力、仓储设施、运输网络、技术支持以及对服务质量的承诺。物流企业可以通过供应商的资质认证、业绩记录、参观实地设施等方式对供应商进行评估。同时，与供应商进行充分的沟通和交流，了解他们的运营流程、质量管理体系以及提供的增值服务。

其次，在供应商评估阶段，物流企业应设立评估指标体系来监控供应商的服务质量。指标包括交货准时率、运输准确性、货物损失率、信息可追溯性等。物流企业可以通过定期对供应商的绩效进行评估，并与供应商进行沟通，共享评估结果和改进建议。这有助于监控供应商的服务表现，并促使供应商持续改进其服务质量。

最后，物流企业还可以与供应商建立合作发展机制，以促进供应商不断提高服务质量。合作发展可以包括共同研发新技术、共享信息和资源、优化供应链流程等。物流企业可以与供应商合作开展培训计划，提升供应商的专业技能和服务水平。同时，建立供应商绩效奖惩机制，激励供应商提供优质的物流服务，并督促未达到要求的供应商采取相应的改进措施，从而不断促进物流企业的服务质量和竞争力，实现持续提升。

四、新零售背景下智慧物流与供应链协同机制研究

（一）新零售的内涵及其对物流体系的新要求

1.新零售业态

新零售业态是传统零售业与现代信息技术深度融合的产物，打破了线上线下的边界，实现了全渠道融合。其核心是以消费者为中心，运用大数据、人工智能等先进技术手段对商品生产、流通和销售过程进行深度改造升级，旨在提供无缝对接、个性化服务及极致购物体验。在这一业态下，企业通过精准营销、智能供应链管理以及高效便捷的智慧物流系统，不仅能够实时响应市场需求变化，还能够实现从源头到终端的全链条协同优化，重构商业生态体系。

2.对物流体系的新要求

在新零售时代，消费者需求日益个性化与多元化，市场竞争越发激烈，物流

功能已不再局限于传统意义上的运输与配送服务，而是在数字化、智能化、个性化及高效响应等方面提出了全新的挑战和要求；物流体系不仅要在效率、速度、精度上达到前所未有的水平，还要在可持续发展和社会责任方面做出积极回应。

第一，实时响应与快速配送。新零售模式下，消费者需求呈现出高频次、小批量、即时性的特点，物流体系需具备高度敏捷性和实时响应能力，实现订单的快速处理与商品的即时配送。

第二，精准预测与智能调度。通过大数据分析与人工智能技术，精准预测消费需求变化，优化库存分布，并实现动态路由规划与智能调度，以降低物流成本并提高运作效率。

第三，全渠道融合与无缝对接。新零售要求物流体系能够打破线上线下壁垒，实现全渠道库存共享与高效协同，提供从线上下单到线下收货的一体化服务体验。

第四，柔性化与定制化服务。在满足大规模标准化作业的同时，物流体系应能灵活应对个性化、定制化的市场需求，提供多样化的增值服务，如逆向物流、预约送货等。

第五，绿色可持续发展。在追求商业效益的同时，智慧物流还需践行绿色理念，借助新能源、新技术减少碳排放，实现物流产业的可持续发展。绿色供应链和可持续发展是现代供应链协同策略的重要方向。企业需要考虑环境保护和资源节约，通过采用环保材料、优化运输方式、减少废物产生等措施，实现供应链的绿色化和可持续发展。这不仅有助于提高企业的社会责任形象，还是响应全球环境保护趋势的需要。具体体现在：

一是标准先行，强化规划引领和顶层设计。加快建立物流领域碳排放、碳足迹核算标准，支撑物流领域碳核算，夯实行业基础工作。推动出台绿色物流和供应链规划政策，强化顶层设计，为现代物流绿色低碳发展布局谋篇。

二是创新驱动，推动科技攻关和行业应用。支持物流行业绿色技术研发和产品创新，大力发展清洁能源技术装备，促进数字化、智能化技术应用，推广绿色包装、循环包装等，为行业绿色低碳发展提供源源不断的动力。

三是管理升级，促进能效提升和机制转变。运用现代管理思想，借鉴成熟绿色低碳和能源管理模式，建立覆盖能源利用和碳排放全过程的管理体系，促进企业能效提升，构建企业节能降碳的长效机制。

四是协同共赢，打造绿色供应链生态圈。联合供应链上下游企业，坚持场景导向、资源整合、风险共担、利益共享，共同践行"双碳"目标战略，打造高效协同、共享共赢的绿色物流与供应链生态圈。

（二）新零售背景下智慧物流与供应链协同运作机制研究

1. 计划协同

相较于传统供应链依赖于非实时、不连续数据进行需求预测和计划制订的方式，智慧物流与供应链协同机制通过深度融合上下游信息流，实现了基于实时大数据的全自动计划生成。这一转变使得需求预测更为精准，消费者需求识别可视化程度显著提升，进而增强了供应链对市场需求变化的快速响应能力与自适应性。计划协同体现在整个供应链体系中各节点的无缝对接，借助人工智能分析技术，确保从研发、采购到生产、物流等全流程能够同步、透明地反映并满足消费者的个性化需求，从而有效驱动智慧物流与供应链的整体协同运作效率及服务质量的持续优化。

2. 生产协同

生产协同机制强调以消费者个性化需求为导向，摒弃传统以生产商为核心的"推式"生产模式。它通过深度融合大数据、云计算及物联网等先进技术手段，构建起一个上下游企业深度互联、高效协同的生态系统。在此系统中，生产活动能够快速响应市场需求变化，实现小批量、定制化的柔性生产模式，真正转向"按需生产"，有效满足消费者的多元化和个性化需求，减少无效库存，从而提高整体供应链效率与市场竞争力。

3. 物流协同

物流协同运作机制表现为线上线下的深度融合和智能化技术的有效运用。这一协同模式强调物流系统与销售系统的紧密协作，以实现整体供应链的快速响应和灵活调整。通过大数据分析预测消费趋势，结合云技术和物联网对物流过程进行实时监控和智能调度，使得物流活动能够更精准地匹配消费需求，从而降低运营成本，提升物流效率。同时，这种物流协同不仅加强了货物从商家到消费者的无缝对接，还强化了消费者需求反馈机制，进一步优化了商品流通路径及库存管理策略，确保满足消费者不断提升的个性化体验需求，推动零售供应链的全面改革与升级。

4. 服务协同

服务协同的关键在于构建高效的逆向物流和售后服务体系。物流与供应链要基于消费者对便捷性、时效性和安全性的高标准要求，通过运用数字化信息技术手段实现从购买到退货的全流程可视化与自动化管理，以确保逆向物流过程的透明化和高效化运作。同时，该服务体系要能够紧密衔接前端销售与后端回收处理环节，形成完整闭环，从而促进整个供应链服务协同能力的提升和完善。

（三）新零售背景下智慧物流与供应链协同运作机制的构建路径建设

1. 加强物流行业信息标准化

当前，由于物流行业的信息化、智能化水平参差不齐，各环节间的"信息孤岛"现象严重，导致数据无法有效流通和利用，从而限制了供应链整体效能的提升。同时，物联网、大数据等新兴技术在物流领域的应用尚缺乏统一标准规范，使得企业在推进智慧物流建设时面临诸多挑战。因此，强化物流行业信息标准化建设是打通信息壁垒、实现智慧物流与供应链高效协同运作的关键举措。

首先，国家层面应积极推动智慧物流标准体系的顶层设计，明确统一的信息化标准框架，涵盖物流信息化硬件设备接口、数据传输协议、信息交换格式等方面的标准制定，确保各环节设备及系统的互联互通。针对用户管理、订单处理、货物追踪等关键业务流程，建立统一的信息管理和交互标准，规范物流信息流的传递和处理方式，提高整个供应链的信息流转效率。

其次，要鼓励和支持行业协会、领军企业参与标准的制定与实施，通过试点示范项目推动智慧物流标准的实际落地应用。例如，可以引导企业采用统一的数据编码规则和电子单证格式，简化信息录入与核对流程；或是在仓储、配送环节推广使用符合国家标准的 RFID、二维码等自动识别技术，实现物流作业的智能化跟踪与控制。

最后，还应强化标准执行监督与反馈机制，通过对物流企业和平台进行定期评估与考核，确保其严格遵循相关信息化标准，并根据行业发展和技术进步动态调整和优化标准内容，保持标准体系的先进性和适用性。

2. 全面、深入推动协同化建设

在新零售时代，智慧物流与供应链管理的深度融合已成为提升行业竞争力和优化资源配置的关键所在。为适应这一变革趋势，推动智慧物流与供应链协同化建设成为重构高效运作机制的核心路径。

首先，物流行业要借助大数据、云计算和物联网等先进技术，搭建统一的信息交互平台。该平台需具备强大的数据处理能力和实时传输功能，确保供应链上下游企业间的信息流、资金流和物流无缝对接，实现数据共享和信息互通。

其次，建立智慧供应链战略合作伙伴关系，强化纵向及横向一体化合作模式。通过明确各方权责利分配机制，形成稳定的长期合作关系，促使各参与主体充分发挥各自优势资源，共同提高整个供应链的运营效率和服务质量。

最后，针对不同规模物流企业的发展需求，可以利用数据分析技术进行深度挖掘和前瞻性研判，提供定制化的智慧物流解决方案。通过精准预测市场需求、优化库存管理和配送策略，有效降低物流成本，提升服务质量。

在宏观层面，要构建适应新零售环境的严密供应链组织架构，并设立专门的数据交换中心或共享平台，为各类主体的信息流通提供安全、便捷的渠道。随着协同化建设的深入，企业间的信任度将进一步提升，数据信息流动将更加顺畅，从而促进各个环节紧密协作，使物流运行体系在现代信息技术支持下更加高效有序运作。

3. 完善技术化建设

智慧物流与供应链管理的深度融合，迫切需要通过技术化建设来打破传统物流技术瓶颈，构建全面、高效的智慧物流服务体系。

首先，升级技术基础设施以支持全面的智慧物流服务。应充分利用物联网、5G 通信、RFID 系统、无线视频监控及全球卫星定位等先进技术，构建一体化的智慧物流体系。这要求企业在原有物流设施基础上进行智能化改造，并确保各类信息技术设备间的兼容性和互操作性，形成覆盖供应链全链条的信息网络，实现从生产、仓储到配送、销售各环节信息的实时追踪与管理。

其次，整合多元化的物联网技术，扩展智慧物流服务范围和功能。将视频识别技术、蓝牙技术、传感技术等集成应用至智慧物流系统中，针对不同主体（如客户、生产商、供应商和销售商）的需求提供定制化解决方案。例如，通过智能视频监控提高库存管理和货物安全水平；利用蓝牙和传感技术优化仓库内部作业流程，提升拣选效率。

最后，要强化顶层设计与技术标准化建设，为智慧物流与供应链管理融合提供稳固的技术支撑。这需要政府引导制定适应新零售业态发展的智慧物流技术标准，并鼓励市场主导下的技术创新和应用推广，确保智慧物流技术能够真正服务于企业运营实践，发挥现代信息技术在提升物流效能、促进供应链协同运作方面的重要作用。

同时，通过持续的技术研发和迭代更新，不断优化和完善智慧物流与供应链协同运作机制，使之更加适应新零售环境下的快速响应和高效协同需求。

第四节　物流与供应链管理信息系统及协同平台

一、基于 WMS 的物流信息系统

（一）WMS 系统总体目标

①通过仓储条码系统对入库、出库、盘点以及库内业务的信息化管理，实现库存数据与业务操作的分析、查询、跟踪，对作业历史进行追溯查询，实现多库房联动统一管理，实现仓库管理实时化、精细化。

②优化仓库的定置、定位、定量管理，实现物料标签的条码化、批次化管

理，实现仓库内零件物流全过程的跟踪和有效管理。

③在看板生产的拉动下实现对物料出入库的精确化管理，基于 ERP 生产订单、MES 排产计划以及巡线员手持终端、产线电子看板，实现备料拉料信息的实时采集及通知，从而提高仓库的利用率，降低物料的资金占用。

④实现业务相关数据的电子化采集及条码标签、业务单据的打印，减少人工录入数据的工作量，提高业务操作效率与正确率。

⑤实现与 ERP、MES 深度集成，实现信息系统间数据共享，进一步提高生产节拍，增强产供协同能力，减少库存损耗，降低生产成本，为改善企业生产运行提供强有力支撑。

⑥通过协同平台实现供应链的协同工作、实现 VMI 模式，达成物料需求、采购订单、到货数据、库存数据对供需方双透明。

（二）物流信息智能识别

物料信息、订单信息、仓库信息、货位信息、员工信息、周转箱信息都实行二维码智能识别。WMS 系统通过 ERP 接口从 ERP 获取数据进行智能识别标签的打印，也可以在本地打印箱条码标签、批次标签等自定义规则标签，甚至可以打印任意单号及报表号标签，以便于各类数据的高速扫描输入。

（三）WMS 系统架构及主要功能

WMS 通过条形码自动识别和信息系统的集成，仓库操作人员使用条形码终端和无线网络在仓库范围内进行业务操作，实现仓库包括货品入库、上货架、备货、移货、盘点、质检、拣选、发货等仓储物流过程的全程跟踪和有效管理，避免纸质单据作业的人为错误和重新输入作业数据的烦琐过程，提高仓库的作业效率，进一步提升仓库管理和物流环节的效率。WMS 智能仓储系统主要功能如下。

1.入库管理

针对不同的数据来源，收货业务可以区分为两类，即有单收货和无单收货。有单收货是指收货单提取自 ERP（SAP）系统采购订单，单据执行完成后，将返回执行的情况传输至 ERP 系统，保证仓储条码系统与 ERP 系统的数据一致；而无单收货是指单据是在仓储条码系统上手工录入，单据执行完成后，如果对应的物料属于 ERP 管理的范畴，将返回执行的情况至 ERP 系统，同时在 ERP 系统上新生成一张对应的新收货单，保证仓储条码系统与 ERP 系统的数据一致。系统支持按采购订单多次入库。

系统可根据物料代码、供应商代码推荐分配库位，推荐规则可支持依据库位与物料、供应商的绑定数据，周围库位物料供应商属性等。仓库作业人员使用无线手持终端设备，扫描库位条码，确认货品上架的库位；扫描上架的货品条码；完成所有货品的收货后，系统自动提示货品上架作业完成；系统自动记录货品上货架的时间和操作人员的信息；系统按事先定义的事务逻辑检查入库货品无误后更新货品入库的库位及库存量，否则作业人员将会得到系统相应的提示信息，指定的库位只能放置对应的物料。

2. 发货出库

仓储条码的发货单一般都提取自 ERP 系统，单据执行完成后，将返回执行的情况至 ERP 系统，保证仓储条码系统与 ERP 系统的数据一致；如果存在部分物料，ERP 系统不进行管理，但希望通过仓储条码系统进行管理时，发货单可以在仓储条码系统上手工录入，单据执行完成后，直接扣减仓储条码系统的库存即可。

通过 WMS 智能仓储系统，实现物料进出自动识别，提高业务操作效率与正确率，实现库存数据的实时化和精准化，并对作业历史进行追溯查询，优化仓库的定置、定位、定量管理，实现物料仓储的精细化管理。通过 WMS 与 SAP、MES 深度集成，实现信息系统间数据共享，增强产供协同能力，减少库存资金占用，降低生产成本。

二、基于 SCM 的物流信息协同平台

SCM 是一种集成的管理思想和方法，它执行供应链中从供应商到最终用户的物流计划和控制等职能。从单一的企业角度来看，是指企业通过改善上下游供应链关系，整合和优化供应链中的信息流、物流和资金流，以获得企业竞争优势。基于 SCM 的物流信息协同平台支撑供应链协同业务，通过协同平台实现生产计

划协同、采购订单协同、发货收货业务协同、VMI 库存协同、用料结算协同等功能，支撑企业精益生产。协同平台采用 B/S 模式搭建，协同平台使用者需通过浏览器进行业务信息浏览及各类业务数据操作。协同平台采用集团模式统一构建，供应商登录后可看到集团内各工厂（课题平台实施工厂）的计划物料需求、采购订单、发货收货业务、VMI 库存、用料结算等信息。

（一）计划协同

通过 ERP（SAP）系统对月度生产计划的协同交互，实时为供应商端推送月度计划所需物料需求计划信息，并将供应商的供货数量、供货周期数据反馈信息及时展示给采购人员，以便业务人员实时掌握供应商供货能力，并以此及时调整采购比例和配送计划，以保证生产。计划协同流程如表 5-3 所示。

表 5-3 计划协同流程

编号	操作	角色	系统	输入 / 输出
01	依据营销计划制订生产计划	计划员	ERP	输出：生产计划
02	接口接收 ERP 生产计划	系统自动	SCM	输入：生产计划
03	依据生产计划及 BOM 和供应商配额，按供应商汇总成计划物料需求清单	系统自动	SCM	输出：物料需求
04	供应商依据计划物料需求清单反馈预期可供数量 / 预期供货周期等信息	供应商	SCM	输入：物料需求 输出：供货能力反馈
05	查询获取供应商供货能力反馈	采购员	SCM	输入：供货能力反馈
06	依据供货能力反馈临时调整采购配额比例	采购员	ERP	输入：供货能力反馈 输出：物料配送计划

（二）采购订单协同

通过 ERP 系统采购订单数据的协同交互，依据业务流程为供需双方生成并推送采购订单信息（实时同步采购订单，供应商可以看到一定时间段内的采购订单需求及采购订单数减寄售库存数）、订单供货反馈信息，实时监控采购订单的最新状态信息，提升业务实时管控能力。采购订单协同流程如表 5-4 所示。

表 5-4 采购订单协同流程

编号	操作	角色	系统	输入 / 输出
01	依据销售订单制订生产计划，运行 MRP 生成物料清单	计划员	ERP	输出：物料需求
02	依据物料清单下达采购订单	采购员	ERP	输入：物料需求 输出：采购订单
03	接口接收 ERP 采购订单数据生成物料清单	系统自动	SCM	输入：ERP 采购订单 输出：SCM 采购订单
04	供应商依据采购订单反馈实际可供数量 / 预期到货时间等信息	供应商	SCM	输入：采购订单 输出：采购订单反馈
05	获取订单供货反馈信息	采购员	SCM	输入：采购订单反馈

（三）发货收货业务协同

通过 SRM/WMS 系统间发货—收货业务数据的协同交互，依据业务流程供需双方生成并推送任务信息、单据信息，减少业务数据人工录入工作量，实时展现业务的最新状态信息，如发货信息、待检信息、不合格品信息、退货信息等。发货—收货业务协同流程如表 5-5 所示。

表 5-5 发货收货业务协同流程

编号	操作	角色	系统	输入 / 输出
01	备货完成后依据采购订单录入实际发货数量 / 实际发货时间信息	供应商	SCM	输入：发货数量 / 发货时间 输出：ASN（Advanced Shipping Note）预先发货清单
02	获取订单实际发货数量 / 实际发货时间信息	系统自动	SCM	输入：ASN 输出：订单状态
03	接口自动获取 ASN 生成待检任务单	系统自动	WMS	输入：ASN 输出：待检任务 / 入库单
04	依据流程到厂确认 / 质检 / 点数入库并录入系统	供应商 质检员 保管员	WMS	输入：待检任务 / 入库单 输出：质检单 / 入库单
05	接口获取质检单 / 入库单数据，更新订单状态信息	系统自动	SCM	输入：质检单 / 入库单 输出：更新订单状态

（四）VMI 库存协同

基于库存管理的基础数据则由 WMS 基础数据管理模块进行维护，在 VMI 功能中不包含对于基础数据的调整，其中基础数据包含物料数据、供应商数据、供应商物料关系、安全库存量等。供应商的 VMI 库存（当前库存、最大最小库存值，当库存值接近或不在最大最小范围内时系统可给出预警提示）、入出库记录，供应商供货的制造商内寄售库存信息、结算库存信息（入库结算、上线结算）、退货信息、不合格品信息、待检信息，实行制造商与供应商实时共享。

（五）用料结算协同

用料结算协同主要是将供应商物料的使用结算数据通过协同平台展示给相关业务人员，并为供应商提供数据查询功能。供应商可依据年份、凭证号、过账日期、发票号码、金额、税额、公司编码、公司名称等信息查询属于此供应商的结算数据内容，包括采购订单号、物料编码、物料描述、数量、金额信息。

参考文献

[1] 赵先德，王良，阮丽旸. 高效协同：供应链与商业模式创新 [M]. 上海：复旦大学出版社，2019.

[2] 曾珍香，杨欣. 供应链社会责任的相互影响与协同治理研究 [M]. 天津：天津科学技术出版社，2019.

[3] 杨国荣. 供应链管理 [M].4 版. 北京：北京理工大学出版社，2019.

[4] 杨晓英. 精益智能物流与供应链管理创新方法及其应用 [M]. 北京：中国经济出版社，2019.

[5] 王先庆. 新物流：新零售时代的供应链变革与机遇 [M]. 北京：中国经济出版社，2019.

[6] 施先亮. 智慧物流与现代供应链 [M]. 北京：机械工业出版社，2020.

[7] 郁玉兵. 供应链质量与绿色管理：关系资本视角 [M]. 杭州：浙江大学出版社，2020.

[8] 刘双林. 现代智慧供应链体系建设：供应链运营中心创新与实践 [M]. 石家庄：河北科学技术出版社，2020.

[9] 梁海红. 乡村振兴战略下农产品供应链管理创新研究 [M]. 北京：中国原子能出版社，2020.

[10] 胡宇辰，吴群. 制造业集群供应链网络协同机理与模式研究 [M]. 北京：光明日报出版社，2021.

[11] 张立群. 供应链管理基础与实务 [M]. 长春：吉林人民出版社，2021.

[12] 王佳元，洪群联. 现代供应链国家战略研究 [M]. 北京：中国计划出版社，2021.

[13] 靳荣利，杜文意，马荣飞．供应链管理（基于 ITP 一体化教学管理平台）[M].北京：机械工业出版社，2021.

[14] 谢家平，梁玲，宋明珍．供应链管理 [M].4 版．上海：上海财经大学出版社，2021.

[15] 邓华．运营与供应链管理 [M].北京：中国纺织出版社，2021.

[16] 缪兴锋，别文群．数字供应链管理实务 [M].北京：中国轻工业出版社，2021.

[17] 曹雄彬．供应链管理 [M].2 版．北京：机械工业出版社，2021.

[18] 朱艳新．农资流通供应链协同方法研究 [M].北京：冶金工业出版社，2022.

[19] 徐良培．农产品供应链协同机制研究 [M].北京：中国纺织出版社，2022.

[20] 刘伟，高志军，何婵，等．物流服务供应链网络协同机理与作用机制 [M].上海：上海交通大学出版社，2022.

[21] 杜文意，靳荣利．供应链管理理论、方法与实训 [M].北京：机械工业出版社，2022.

[22] 董海．网络化制造环境下多级闭环供应链协调优化控制技术 [M].北京：冶金工业出版社，2022.

[23] 吴志华．现代供应链管理战略、策略与实施 [M].北京：企业管理出版社，2022.

[24] 宫迅伟，等．供应链 2035：智能时代供应链管理 [M].北京：机械工业出版社，2023.

[25] 朱传波．物流与供应链管理新商业·新链接·新物流 [M].2 版．北京：机械工业出版社，2023.

[26] 谢家平，孔詠炜，胡强，等．供应链管理 [M].3 版．上海：复旦大学出版社，2023.

[27] 王能民，何奇东，张萌．供应链管理 [M].北京：机械工业出版社，2023.

[28] 姜宏锋．决胜价值链：从供应链到价值链管理跃迁 [M].北京：机械工业出版社，2023.

[29] 代四广，曹玉姣，申红艳，等．供应链大数据：理论、方法与应用 [M].北京：机械工业出版社，2023.